獼猴奉蜜《みこうほうみつ》

釈迦に蜜を献じた猿が喜びすぎて穴に落ちて死んでしまうが、釈迦はその善行に報いて、猿を人間の子どもとして生まれ変わらせたという。この獼猴奉蜜の逸話を絵にしたもの（Steve Vider ／アフロ）。

大菩提寺《だいほだいじ》

釈迦が悟りを開いたブッダガヤー（インド東部）に位置する仏教寺院。紀元前 3 世紀にマウリヤ朝のアショーカ王によって建てられたものがルーツとされる。大塔の高さは約 50 メートルに達する。

捨身飼虎図《しゃしんしこず》
釈迦は前世で薩埵王子だったとき、飢えた虎とその７頭の子どもたちのために自らの身を投げ与えて食べさせ、虎の命を助けたという。その釈迦の前世譚を描いたもの（TNM Image Archives）。

牧女《もくにょ》の供養《くよう》

6年にわたり苦行を続けたにもかかわらず、釈迦は悟りを得られなかった。その釈迦に対して、スジャータというブッダガヤー近郊の村の娘が一杯の乳粥を捧げる場面（野生司香雪画／アフロ）

仏《ぶつ》涅《ね》槃《はん》図《ず》

涅槃図とは、釈迦がクシナガラ（インド北東部）の沙羅双樹の下に横たわり、涅槃に入るときを迎える場面を描いたもの。周囲では弟子たちや菩薩たちが集まって嘆き悲しんでいる（奈良国立博物館）。

釈迦《しゃか》如来《にょらい》立像《りゅうぞう》

苦行をやめて山を出た釈迦の様子を表した像。肋骨が浮き出た状態で木の枝を杖として歩く姿は迫真的である（奈良国立博物館）。

図説 地図とあらすじでわかる！
釈迦の生涯と日本の仏教

瓜生 中［監修］

青春新書
INTELLIGENCE

はじめに

仏教は神のいない宗教である。開祖の釈迦《しゃか》は、いまから約二五〇〇年前に人間としてこの世に生を受け、偉大な悟《さと》りを開き、ブッダとなった後も人間として布教活動に専念し、80歳で人間としてその生涯を閉じた。

そして、釈迦は自分と同じ修行《しゅぎょう》を実践すれば、誰もがやがて自分と同じ悟りを開いてブッダとなることができると言った。ブッダとなるというのは完璧な人間になること、非の打ちどころのない人格者になることだ。だから、近年の学者は悟りを開くことを「人格の完成」と言っている。人格を完成するためには自分で努力する。釈迦の本来の教えはあくまでも自力《じりき》の教えなのである。

一方、キリスト教やイスラム教には全能の神がいる。最終的には人間は神の前では無力である。もちろん、倫理・道徳などの規範を守って正しい生活をする努力はしなければならない。最終的には神に頼るしかない。つまり、他力《たりき》の教えである。

しかし、仏教でも大乗《だいじょう》仏教の時代（紀元一世紀頃）になると、阿弥陀如来《あみだにょらい》や薬師《やくし》如来、さらには大日《だいにち》如来などさまざまな仏《ほとけ》が登場してくる。これらの如来は救いを求める人々を手厚く保護してくれる。

たとえば、阿弥陀如来は「南無阿弥陀仏《なむあみだぶつ》」の念仏《ねんぶつ》をとなえるだけで極楽往生《ごくらくおうじょう》させてくれる。大日如来はとうてい仏の救いに与《あずか》れないような人でも救ってくれる。つまり大乗仏教の時代に仏は神となり、仏教は無神論から有神論に転換したのである。

そして、その大乗仏教は中国へ伝えられ、朝鮮半島を経由して、六世紀前半には日本に伝えられ、さらに大きく変容した。

本書では、釈迦の時代から二〇〇〇年以上にわたる仏教の歴史をたどりながら、仏教の本質に迫った。図版や写真を用いつつ、わかりやすい内容になっている。本書が日本に息づく仏教の理解に役立てば幸いである。

瓜生 中

図説 地図とあらすじでわかる！ 釈迦の生涯と日本の仏教●目次

はじめに 3

序章 仏教の成り立ちと広がり

【仏教のはじまり】インドで生まれ中国、朝鮮半島を経て日本へ 10

第一章 釈迦の生涯

【バラモン教の盛衰】釈迦誕生以前のインド 16
【釈迦の誕生】生まれ落ちてすぐに「天上天下唯我独尊」と宣言する 22
【釈迦の出家】裕福な生活のなかで人の世の無常や苦しみを思う 26
【釈迦の修行】悟りを求め激しい苦行に身を投じる 30
【釈迦の成道】悪魔の誘惑を退け菩提樹の下でブッダ（目覚めた人）となる 34
【釈迦の説法】鹿野苑ではじめての説法を行なう 38
【釈迦の伝道】布教と修行の拠点となった竹林精舎と祇園精舎を得る 42
【釈迦の帰郷】故郷の一族が次々と出家する 46
【釈迦の受難】異端者デーヴァダッタの反逆で教団が分裂する 50
【釈迦の入滅】最後の伝道の旅を終え娑羅双樹の下で涅槃に入る 52

こらむ〈仏教と肉食〉なぜ精進料理は肉や魚を使わないのか 58

第二章 釈迦の教え

【一切皆苦】この世の誰もが避けられない八つの苦しみ 60
【諸行無常】あらゆるものは常に変化している 64
【諸法無我】すべてのものは独立した実体をもたず「自己」もない 68
【涅槃寂静】煩悩が消え智慧が完成した苦しみのない境地 72
【四 諦】苦しみの原因を取り除く四つの真理 76
【八正道】悟りに至るための八つの方法 80
【三 学】仏教修行者が日々実践する「戒・定・慧」 84
【六波羅蜜】在家でも日常生活を送りながら実践できる六つの修行 88
【縁 起】「因」と「縁」が互いに関係して生じたり滅したり 90
【中 道】快楽主義でも苦行主義でもない生き方 94
【輪 廻】生前の業により人間は「六道」のいずれかに転生する 98
こらむ〈祇園精舎の鐘の音〉昔の梵鐘は「ゴ～ン、ゴ～ン」ではなく「コン、コン」と鳴っていた 102

第三章　釈迦亡き後の仏教

【教団の分裂】釈迦の教えの解釈が分かれ20の部派に　104
【インド仏教】仏教を手厚く保護したアショーカ王　106
【経典の誕生】釈迦の教えの広がりを支えた文字による記録　108
【仏像の誕生】釈迦の姿を具象化することへの試み　110
【上座部仏教】厳しい戒律を基本とする保守的な教えは南へ　112
【大乗仏教】戒律より衆生救済を目的とする教えは北へ　114
【中国仏教】鳩摩羅什の経典翻訳が大きく貢献　116
【中国仏教の展開】教理の整理が行なわれ各派が主導権を争う　118
【チベット仏教】観音菩薩の化身、ダライ・ラマの誕生　122
こらむ〈偽経〉経典はどこまで信用できるのか？　124

第四章　日本の仏教のはじまり

【仏教伝来】六世紀に百済から伝わり蘇我氏によって広がる　126
【聖徳太子】「十七条憲法」から窺える仏教の精神　130
【国家仏教】国分寺・国分尼寺の建立と南都六宗　134
【鑑真の来日】六度目の渡航で悲願を果たし日本初の戒壇を設ける　138
【天台宗】比叡山を本拠として南都諸宗と対峙した最澄　142

【真言宗】即身成仏を説き、密教修法を確立した空海 146
こらむ〈蓮の花〉なぜ蓮の花は仏教で大事にされるのか 150

第五章　民衆へと伝わった仏教

【末法思想と浄土信仰】無法時代の救済を求めた浄土信仰 152
【地獄と極楽】源信の『往生要集』によって広がった来世の概念 156
【浄土系宗派】「南無阿弥陀仏」をとなえることで往生できる 160
【禅系宗派】釈迦を見習い坐禅による悟りを求める 170
【日蓮宗】『法華経』の教えを実践すれば現世でも救われる 178
【熊野信仰】神仏習合により浄土と見なされた熊野詣 184
【富士信仰】江戸時代にブームとなった富士講と富士塚 186

カバー写真提供／アフロ
本文写真提供／アフロ、DNPアートコミュニケーションズ、
奈良国立博物館、ピクスタ
図版・DTP／ハッシイ

序章

仏教の成り立ちと広がり

【仏教のはじまり】

インドで生まれ中国、朝鮮半島を経て日本へ

現在の仏教徒の数については諸説あるが、世界でおよそ三億人といわれている。仏教発祥の地はインドだが、現在のインドではヒンドゥー教が大多数を占めており、仏教徒の数は少ない。一方、アジア各国ではしっかりと根を下ろして発展を続けている。

本編に入る前に、ここで釈迦《しゃか》によって仏教の教えが説かれてから各地に伝播《でんぱ》していった経緯を見ていくことにする。

●釈迦が仏教を興し、教団ができる

釈迦が誕生したのは紀元前四六三～前三八三年（諸説あり）。北部インドのカピラヴァストゥにて、サーキャ族の王子として生まれた。本名はゴータマ・シッダールタという。

王子として恵まれた少年時代を過ごし、結婚して子ももうけたが、生老病死などの人生の苦悩や世の無常から逃れられず、二十九歳ですべてを捨てて出家《しゅっけ》する。そして苦行《くぎょう》に打ち込み、菩提樹《ぼだいじゅ》の下で瞑想《めいそう》をしているとき、三十五歳の誕生日に悟《さと》りを得て、ブッダ

（目覚めた人）となったのである。その後、釈迦は教えを説きはじめ、八十歳で入滅《にゅうめつ》するまで各地を巡って伝道を続けた。

釈迦の教えは弟子たちに引き継がれ、仏教教団ができた。しかし釈迦の入滅から一〇〇年ほど経つと、教団は釈迦の説いた教えを忠実に守る長老たちの上座部《じょうざぶ》と、時の流れに応じて教えを変えるべきだと主張する大衆部《たいしゅぶ》に分裂する（根本《こんぽん》分裂）。やがて両部はそれぞれ分裂を繰り返し、二〇近くの部派仏教が成立した（枝末《しまつ》分裂）。

●インドから西域、中国へ

仏教がアジア各方面に伝播する端緒《たんしょ》を開いたのは、紀元前三世紀にインド統一を果たしたアショーカ王である。王が帰依《きえ》したことから仏教が興隆し、インド全域に広まった。さらに中東やギリシアへ仏教使節を派遣したため、アジア各地へ広まる契機となった。ただし五世紀以降、インドの仏教はヒンドゥー教に押され、次第に衰退していった。

一方で北上した仏教は西域《さいいき》へと伝わった。中央アジアから北インドまでを勢力範囲としたクシャーナ朝の時代には、のちの仏教美術の礎《いしずえ》となるギリシア風のガンダーラ美術が開花している。

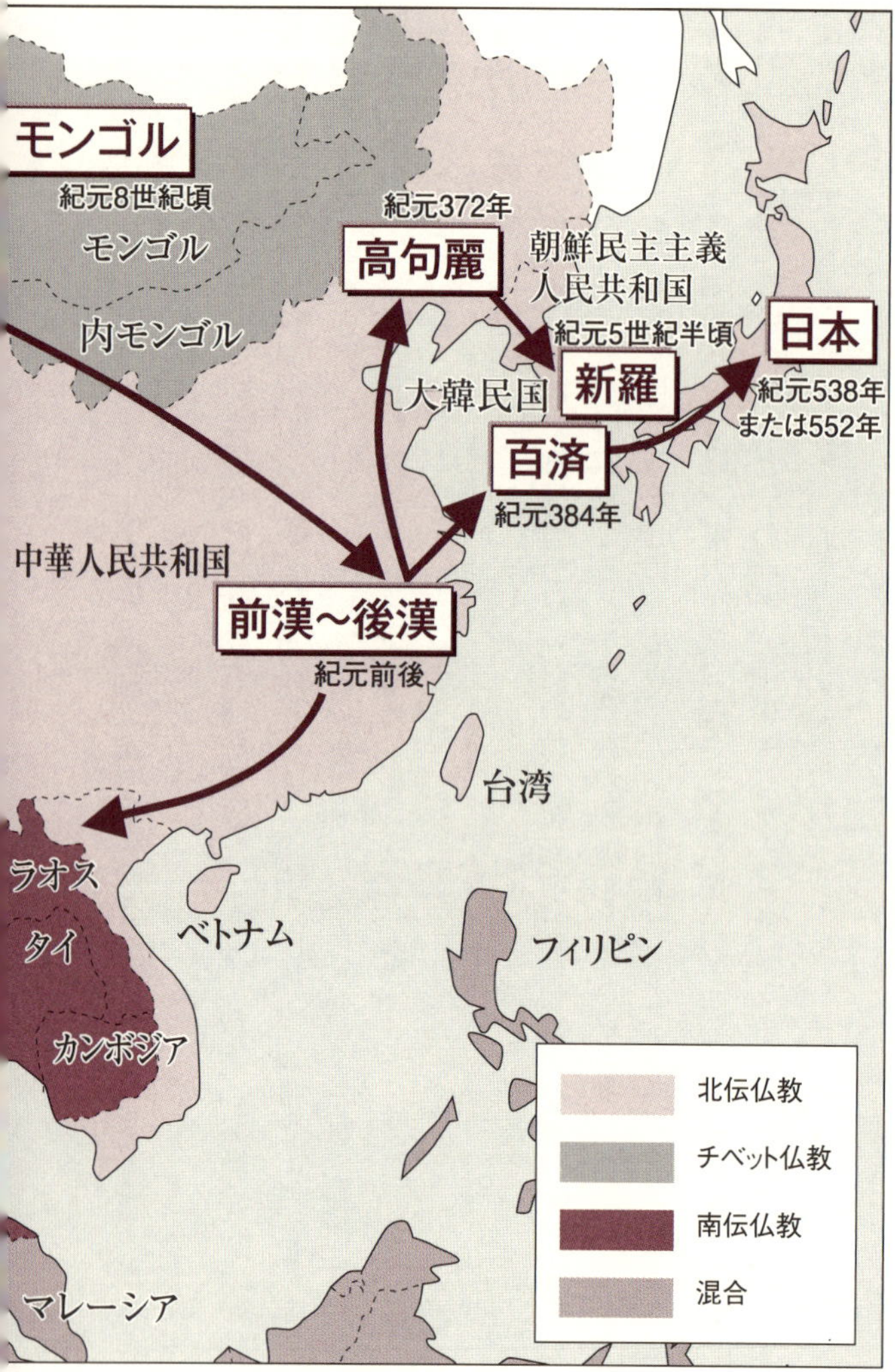
モンゴル
紀元8世紀頃
モンゴル
内モンゴル
紀元372年
高句麗
朝鮮民主主義
人民共和国
紀元5世紀半頃
日本
新羅
大韓民国
紀元538年
または552年
百済
紀元384年
中華人民共和国
前漢～後漢
紀元前後
台湾
ラオス
タイ
ベトナム
フィリピン
カンボジア
マレーシア
北伝仏教
チベット仏教
南伝仏教
混合

仏教の広がり

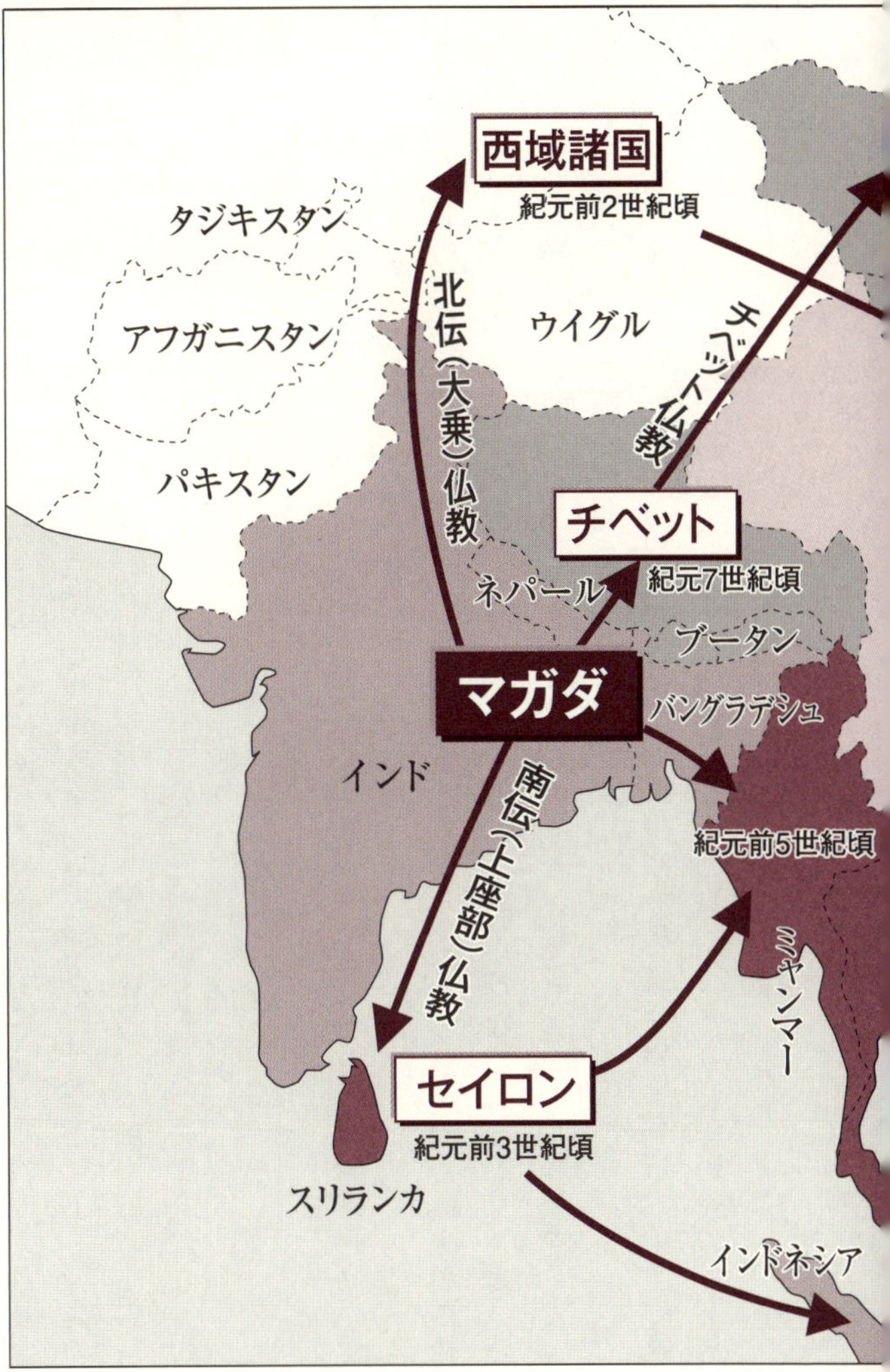
西域諸国
紀元前2世紀頃
タジキスタン
アフガニスタン
パキスタン
ウイグル
北伝（大乗）仏教
チベット仏教
チベット
紀元7世紀頃
ネパール
ブータン
マガダ
バングラデシュ
インド
南伝（上座部）仏教
紀元前5世紀頃
ミャンマー
セイロン
紀元前3世紀頃
スリランカ
インドネシア

紀元前後にはシルクロードを通じて中国へと伝播し、五世紀頃には道教《どうきょう》の教えと融合して仏教に注目が集まった。そして法顕《ほっけん》や中央アジア出身の鳩摩羅什《くまらじゅう》などによる経典の漢訳が行なわれるなど、中国に本格的に仏教が根づきはじめた。また、中国では多くの宗派が誕生。そのなかから念仏《ねんぶつ》や禅《ぜん》の教えが生まれ、経典の講説も行なわれるようになった。

●中国から朝鮮、そして日本へ

二世紀以降、仏教が中国から朝鮮半島へと伝わり、六世紀になると百済《くだら》の聖明王《せいめいおう》から欽《きん》明《めい》天皇に仏像などが献じられ、日本に仏教が伝来する。

日本国内では仏教を受け入れるか否かをめぐって論争が巻き起こったが、崇仏《すうぶつ》派が勝利。それ以降、聖徳太子《しょうとくたいし》らの主導で国家レベルによる仏教の振興が行なわれていく。奈良時代には全国に国分寺《こくぶんじ》・国分尼寺《こくぶんにじ》、東大寺《とうだいじ》の大仏が建立され、国家仏教として発展をみた。平安時代には最澄《さいちょう》の天台宗《てんだいしゅう》、空海《くうかい》の真言宗《しんごんしゅう》が興《おこ》った。

そして平安時代末期から鎌倉時代にかけて法然《ほうねん》の浄土宗《じょうどしゅう》、親鸞《しんらん》の浄土真宗《じょうどしんしゅう》、栄西《えいさい》の臨《りん》済宗《ざいしゅう》、道元《どうげん》の曹洞宗《そうとうしゅう》、日蓮《にちれん》の日蓮宗《にちれんしゅう》といった宗派が次々に登場。こうして現代の日本仏教の礎《いしずえ》が築かれたのである。

第一章　釈迦の生涯

【バラモン教の盛衰】

釈迦誕生以前のインド

●アーリア人が侵入し、バラモン教が誕生する

紀元前二五〇〇年頃から約一〇〇〇年の間、インド北西部のインダス川流域ではモヘンジョ・ダーローやハラッパーなどの都市遺跡で知られる世界四大文明のひとつ、インダス文明が全盛期を迎えていた。

しかし前一五〇〇年頃、インダス文明が衰退しはじめると、中央アジアで遊牧生活を送っていたアーリア人が移住してきて文明を築いた先住民を支配下に置き、北インドに覇権《はけん》を確立していく。

その過程において、アーリア人はヒンドゥー教の原型となったバラモン教を生み出す。

バラモン教は「ヴェーダ（知識の意）」と呼ばれる宗教的知識をまとめた聖典を元にする民族宗教。バラモンという司祭階級が祭祀《さいし》を指導したことから、のちの時代にヨーロッパ人がバラモン教と名づけた。前一二〇〇年頃にはインド最古の文献である神々の讃歌集《さんかしゅう》『リ

インドに進出したアーリア人

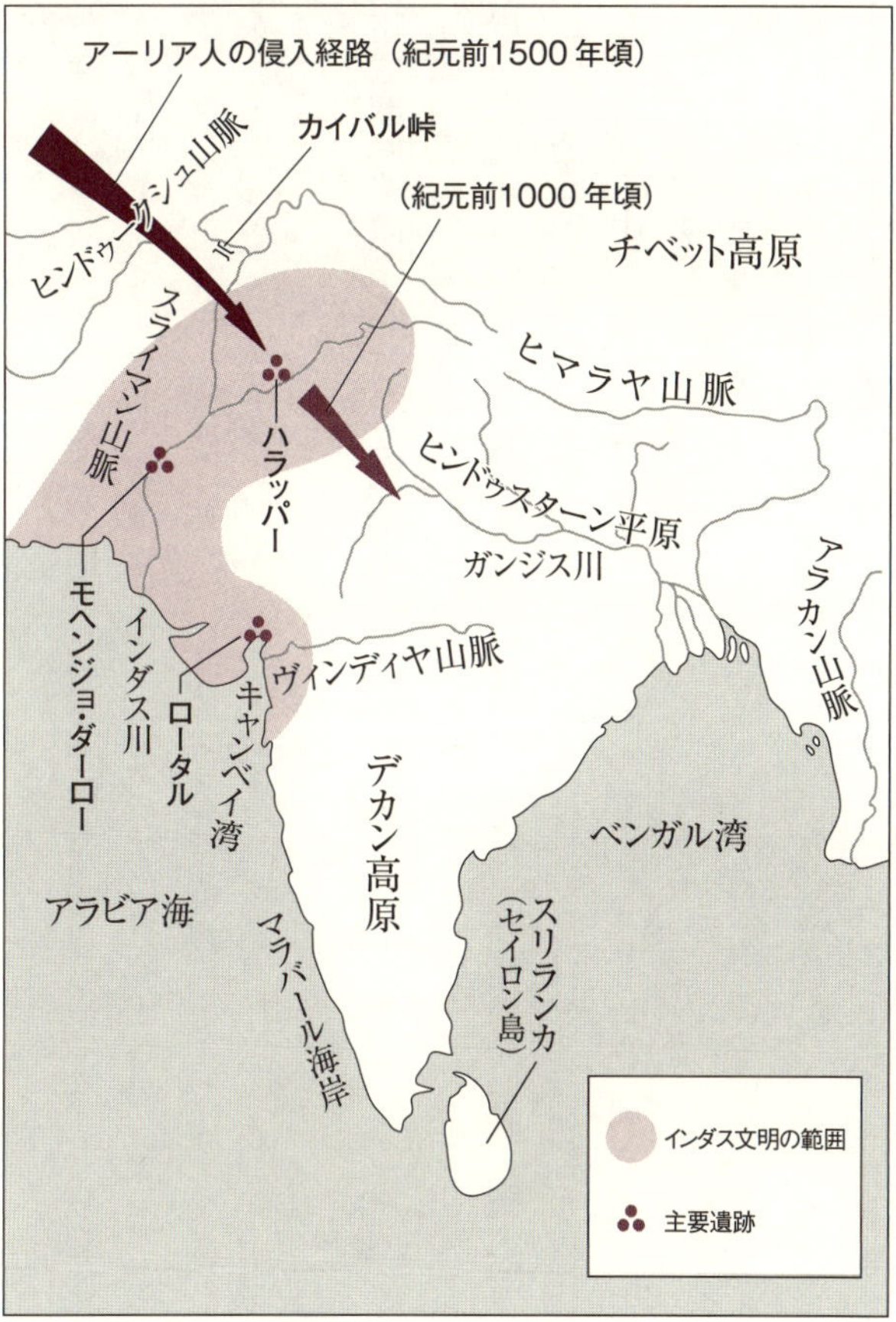

インダス文明は紀元前2500～前1500年頃にインド北西部で栄えた。しかし、終末期になると中央アジアからアーリア人がこの地へ侵入してきて、新たな支配者となった。

グ・ヴェーダ』が成立している。

同時期には、アーリア人の部族内で首長などの有力者、司祭者《しさいしゃ》、一般部族民という階層化がみられるようになった。ヒエラルキーのトップに君臨するのは司祭者のバラモンで、その下にクシャトリヤ（王侯・武士）、ヴァイシャ（庶民）、シュードラ（先住民中心とする隷属民《れいぞくみん》）と続く。いわゆるカースト制度である。

●都市国家間の戦争で一六大国が成立

紀元前八〇〇年頃には、ガンジス河流域にアーリア人の都市国家が広がった。

都市国家は互いに争い、前六世紀頃にはインドに一六大国が成立。強大な権力を握る王の元、商工業や国際的な貿易が発展し、大商人に代表される新しい都市市民層が台頭していった。農耕を中心とした部族社会から、商工を中心とした普遍的な人間関係をもつ市民社会への変革である。

しかし、その頃からバラモン教の司祭階級バラモンの堕落がはじまる。のちに釈迦が仏教経典『スッタニパータ』で述べているように、かつてのバラモンは正しく修行を行ない、私欲に走らなかったが、当時のバラモンは世俗の贅沢《ぜいたく》に近づき、栄華《えいが》を尽くした生活を送

カースト制度

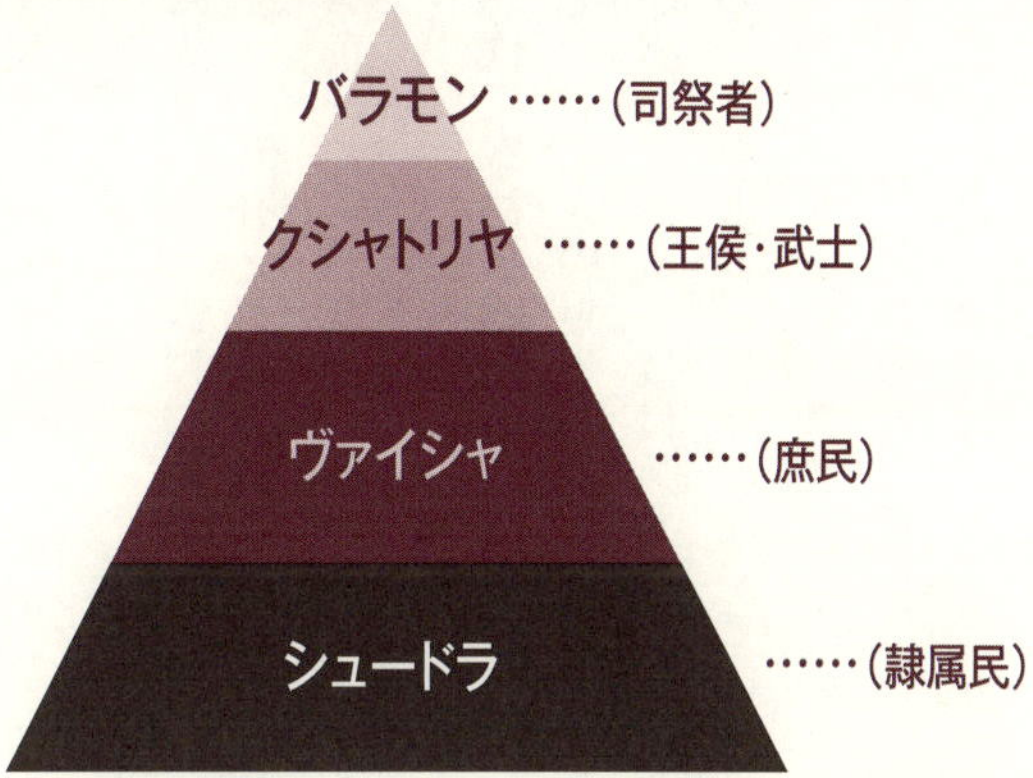

カースト制度のルーツは、アーリア人がヴェーダ後期時代（紀元前1000～600年頃）に築いたヴァルナ（種姓）制度といわれる。

るなど腐敗ぶりが目に余るようになっていた。

そうしたなか、都市市民層の一部はカースト制度を中心とした形式主義のバラモン教に飽き足らなくなり、バラモン教の教えから脱して、新しい思想や倫理を欲するようになる。沙門《しゃもん》と呼ばれる人々だ。ジャイナ教の開祖マハーヴィーラ（ニガンダ・ナータプッタ）など、仏教経典で六師外道《ろくしげどう》と呼ばれる人々が沙門の代表としてあげられる。

●新しい思想家たちの乱立時代

六師外道の人々は、人間の行為には善悪も業《ごう》も報《むく》いもないとする道徳否定論（唯物論）、すべてはただの物質なので現世の享楽を求めるべきとする快楽主義的唯物論、すべては宇宙支配の原理となる宿命《しゅくめい》によって定められていると説く宿命論的自然論など、さまざまな思想を唱《とな》えた。そして彼らは議論に明け暮れ、各地に遊説《ゆうぜい》に出た。仏典によると、そうした人々は六二人におよび、「六二見《けん》」と呼ばれたという。「見」とは、文字どおり「見る」こと。古代インドの言葉であるサンスクリット語でダルシャナといい、哲学を意味する。目の前にある存在や現象を見て考えることが、すなわち哲学なのである。

●時代に求められた釈迦の教え

その六二人の思想家以外にもうひとり、独自の思想を唱えて活動していた者がいる。それが釈迦《しゃか》である。彼自身もバラモン教に触れながら成長するなか、その教えに飽き足らず、真の悟《さと》りを求めるようになっていったのである。

真の悟りを求める釈迦は既存の教えや思想にとらわれず、独自の教えを説いていく。それが広く受け入れられた背景には、新しい思想や倫理が求められていた時代の機運があった。釈迦の説く教えは、多くの人々が待望していたものだったのである。

まさに釈迦はこの時代に生まれるべくして生まれ、新時代における人々の道しるべとなったのである。

前6世紀頃のインド

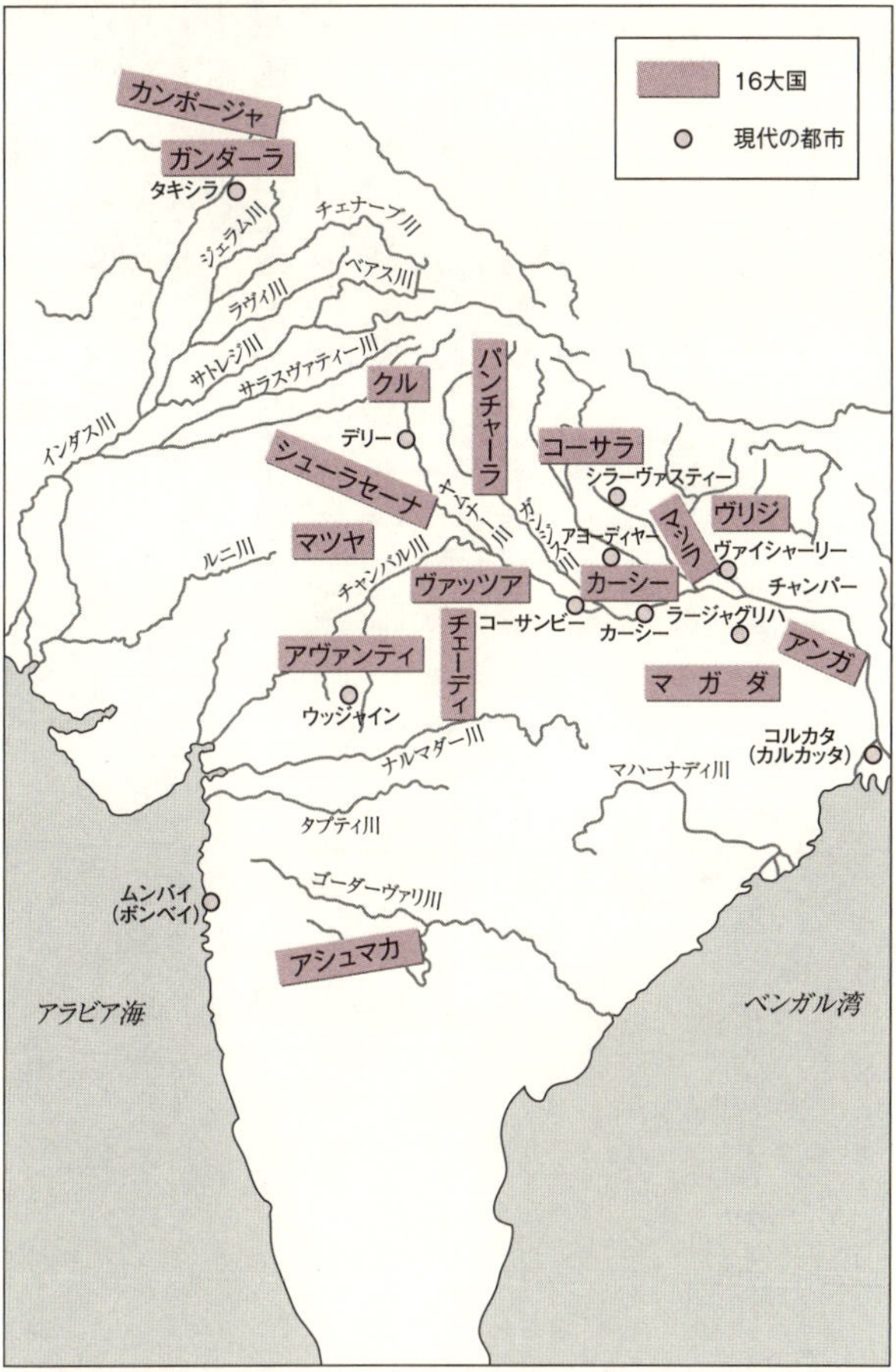

紀元前6世紀頃の北インドには、16大国と呼ばれる国家群が存在していた。このうちマガダ、コーサラ、ヴァッツア、アヴァンティの4国はのちに強大化し、最終的にはマガダ国がアショーカ王の時代（紀元前3世紀）にインド全域をほぼ支配するに至った。

【釈迦の誕生】

生まれ落ちてすぐに「天上天下唯我独尊」と宣言する

●弱小国の第一王子として生まれる

釈迦は紀元前四六三～前三八三年（諸説あり）、ヒマラヤ山脈の麓《ふもと》にあったサーキャ族（釈迦族）の都カピラヴァストゥで、シュッドーダナ王とマーヤー夫人の第一王子として誕生している。カピラヴァストゥはコーサラとマッラという二大強国に挟まれた小国だった。その郊外にあるルンビニー（現在はネパール領）が生誕地とされ、現在は釈迦の四大聖地のひとつに数えられている。

釈迦の本名はゴータマ・シッダールタ。ゴータマは姓で「最上の牛」を意味し、名のシッダールタは「目的を達成した人」を意味する。

では、釈迦とは何かというとサーキャ族のことである。「釈迦族出身の聖者（ムニ）」という意味で釈迦牟尼《しゃかむに》といい、それに「世の尊敬に値する人」という敬称をつけて釈迦牟尼世尊《せそん》、略して釈尊《しゃくそん》ともいう。

釈迦生誕の地

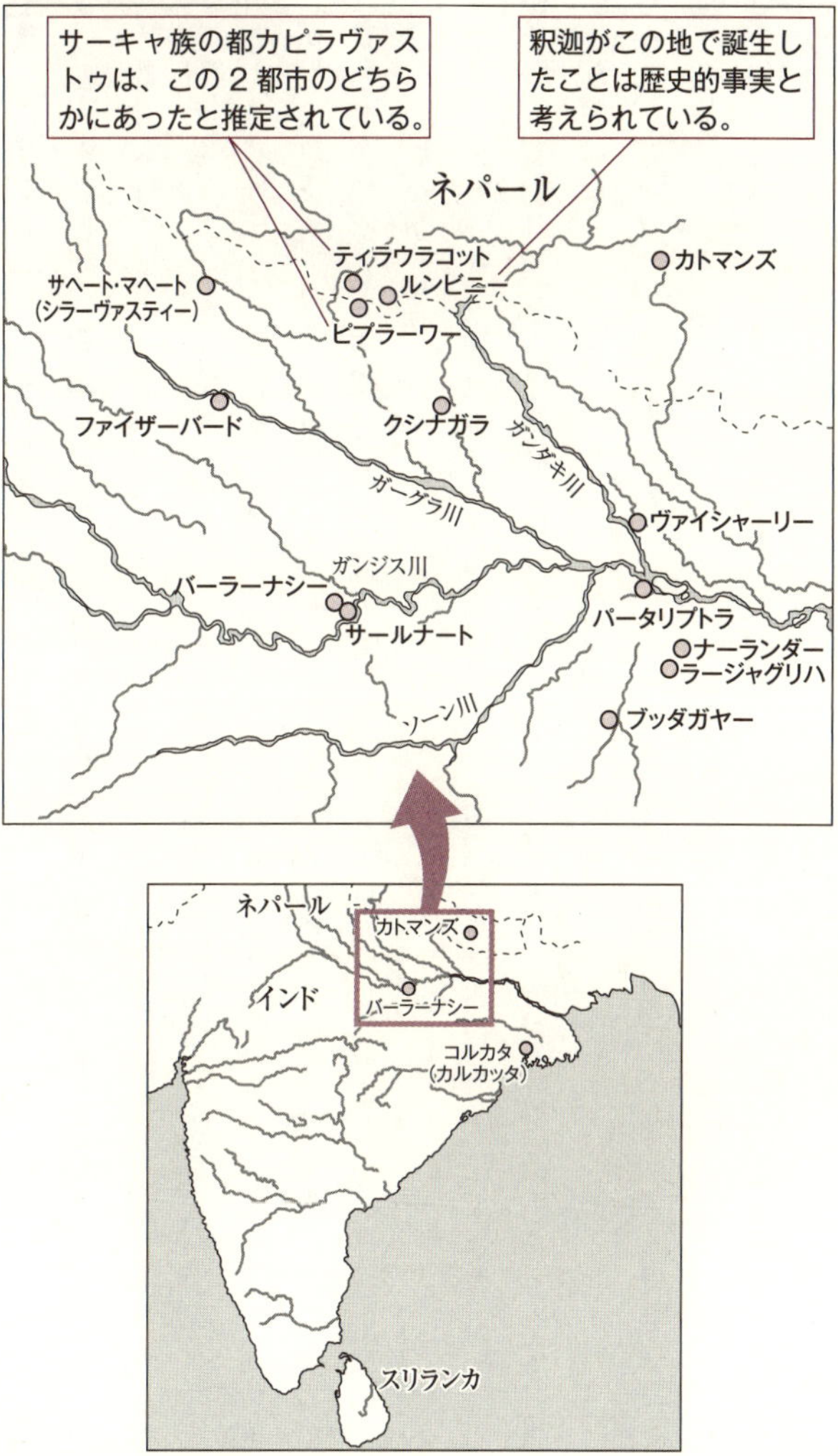
サーキャ族の都カピラヴァストゥは、この２都市のどちらかにあったと推定されている。
釈迦がこの地で誕生したことは歴史的事実と考えられている。
ネパール
ティラウラコット
ルンビニー
カトマンズ
サヘート・マヘート
(シラーヴァスティー)
ピプラーワー
ファイザーバード
クシナガラ
ガンダキ川
ガーグラ川
ヴァイシャーリー
ガンジス川
バーラーナシー
サールナート
パータリプトラ
ナーランダー
ラージャグリハ
ソーン川
ブッダガヤー
ネパール
カトマンズ
インド
バーラーナシー
コルカタ
(カルカッタ)
スリランカ

●生まれてすぐに「天上天下唯我独尊」と宣言

仏教の開祖らしく、釈迦には多くの伝説が残る。そのなかで、もっともよく知られているのが誕生にまつわる話である。

ある日の夜、マーヤー夫人は天から降りてきた白象が体内に入る夢を見て、ゴータマを懐妊した。そして出産のために実家に戻る途中、ルンビニーに立ち寄ってアショーカ樹（無憂樹《むゆうじゅ》）に手を触れると、彼女の右脇からゴータマが誕生。生まれ落ちたゴータマはすぐに立ち上がって七歩歩き、「天上天下唯我独尊《てんじょうてんげゆいがどくそん》（この世界に自分より尊い者はいない）」と宣言したという。

またアシタという老仙人がゴータマの姿をみて占ったところ、「偉人にふさわしい三二の相をもっており、将来は偉大な悟りを開いて全人類を救う宗教者か、武力を用いずに世界の支配者になるでしょう」と予言したとも伝わる。

しかし、ゴータマは誕生から七日目に大きな悲しみに直面する。母のマーヤー夫人との死別である。

母を失ったゴータマは、マーヤー夫人の妹マハープラジャーパティの手で養育されることになった。

釈迦の姿

(　)内の数字は『仏本行集経』における掲載順序

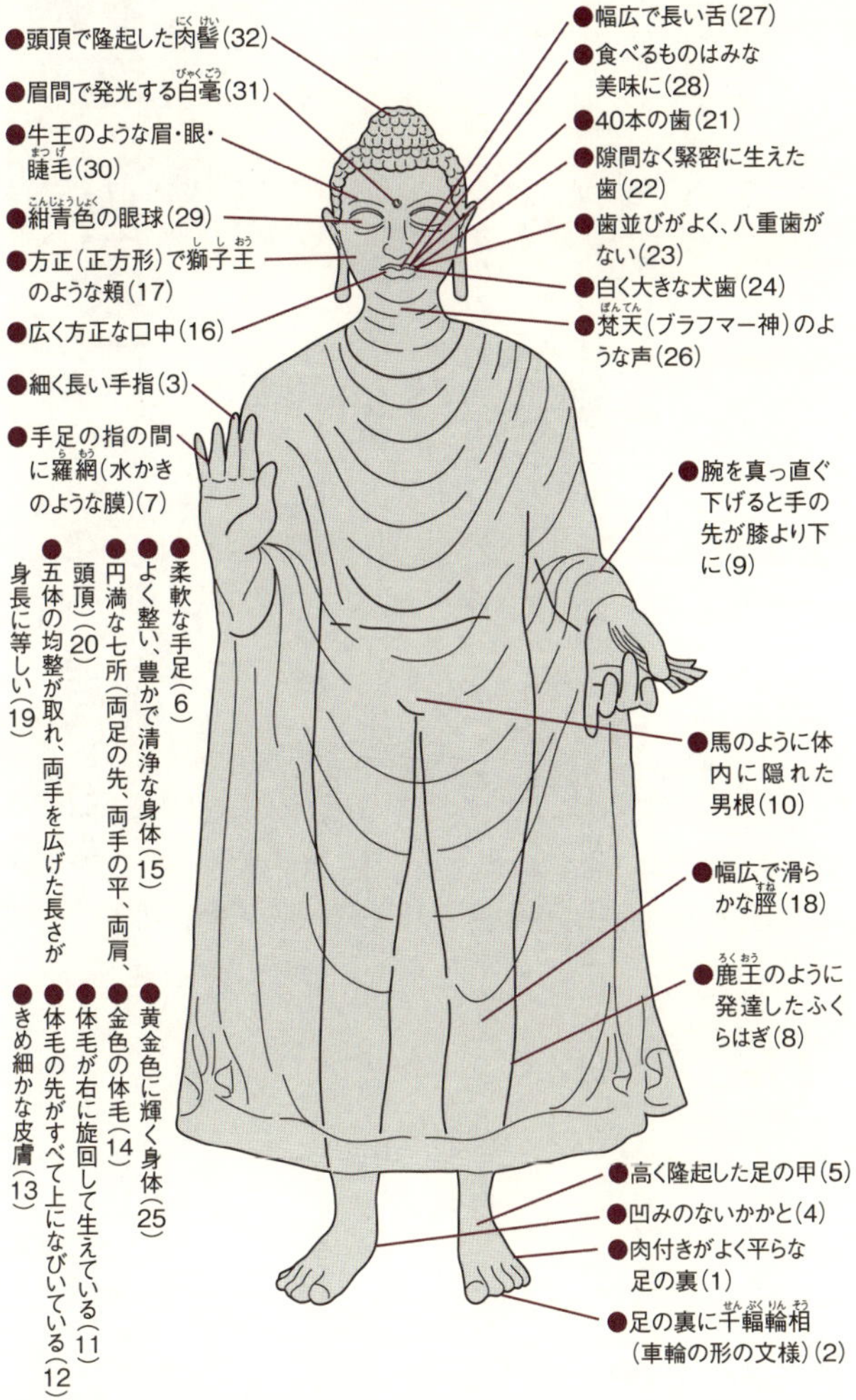
●頭頂で隆起した肉髻《にくけい》(32)
●眉間で発光する白毫《びゃくごう》(31)
●牛王のような眉・眼・睫毛《まつげ》(30)
●紺青色《こんじょうしょく》の眼球(29)
●方正(正方形)で獅子王《ししおう》のような頬(17)
●広く方正な口中(16)
●細く長い手指(3)
●手足の指の間に羅網《らもう》(水かきのような膜)(7)
●柔軟な手足(6)
●よく整い、豊かで清浄な身体(15)
●円満な七所(両足の先、両手の平、両肩、頭頂)(20)
●五体の均整が取れ、両手を広げた長さが身長に等しい(19)
●黄金色に輝く身体(25)
●金色の体毛(14)
●体毛が右に旋回して生えている(11)
●体毛の先がすべて上になびいている(12)
●きめ細かな皮膚(13)
●幅広で長い舌(27)
●食べるものはみな美味に(28)
●40本の歯(21)
●隙間なく緊密に生えた歯(22)
●歯並びがよく、八重歯がない(23)
●白く大きな犬歯(24)
●梵天《ぼんてん》(ブラフマー神)のような声(26)
●腕を真っ直ぐ下げると手の先が膝より下に(9)
●馬のように体内に隠れた男根(10)
●幅広で滑らかな脛《すね》(18)
●鹿王《ろくおう》のように発達したふくらはぎ(8)
●高く隆起した足の甲(5)
●凹みのないかかと(4)
●肉付きがよく平らな足の裏(1)
●足の裏に千輻輪相《せんぷくりんそう》(車輪の形の文様)(2)

【釈迦の出家】

裕福な生活のなかで人の世の無常や苦しみを思う

●樹下の瞑想で無常に苛まれる

ゴータマは一国の王子として、恵まれた環境で育てられた。夏用、冬用、雨季用と季節ごとに別々の宮殿で過ごし、カーシー（ベナーレス）産の衣服や栴檀香《せんだんこう》を使うなど贅沢《ぜいたく》を極めた。

しかし、何不自由のない生活とは裏腹に、ゴータマの心は無常《むじょう》で満ちていく。そのきっかけのひとつとなったのが樹下《じゅか》の瞑想《めいそう》と呼ばれる出来事だった。

十二歳の頃、ゴータマは農耕儀礼に参加。そこで土から出てきた虫をついばむ小鳥と、その鳥をとらえた猛禽類《もうきんるい》を目の当たりにした。これによりゴータマは生と死の無常の悲しみを知ったのである。

その後、ゴータマは十六歳の頃に母方のいとこにあたるヤショーダラという王族の娘と結婚する（年齢は推測）。彼女のほかに二人の妃《きさき》を侍《はべ》らせて暮らすようになったともいわ

カピラヴァストゥ

サーキャ族の都、カピラヴァストゥの王宮あるいは住居とみられるティラウラコットの遺跡。ゴータマはここで青年時代を送った。

れる。

さらに、父シュッドーダナ王から美しい女性や豪勢な宴会などあらゆる快楽や贅沢に溢《あふ》れた生活を与えられた。実はこれは、ゴータマがやがて出家《しゅっけ》してしまうだろうという予言を受けてのもので、宮殿の外には彼の自由な外出を阻止するための三重の門や兵士も置かれていた。

しかし、そうした父の努力の甲斐《かい》もなく、ゴータマの心は出家へと傾いていく。そんな折、四門出遊《しもんしゅつゆう》と呼ばれる出来事が起こる。

●出家のきっかけとなった四門出遊

ある日、ゴータマが郊外の御苑《ぎょえん》に行こうと東門を出たところ、衰えた老人に出会う。別の日には南門で苦しむ病人に、また別の日には西門で悲しむ人々の葬列に出会い、老・病・死という人間の本質的な苦しみを目にして衝撃を受ける。そして最後に北門ですがすがしい姿の出家者に出会うと、感動で胸が打ち震えた。これによりゴータマは出家を決意したのである。

●息子ラーフラから逃れる

そうしたなか、妻のヤショーダラが息子ラーフラを出産する。しかし、そのときのゴータマにとっては、わが子も出家の歯止めにはならなかった。ちなみにラーフラとは束縛《そくばく》という意味で、ゴータマは息子の誕生を知って、「束縛が生まれた」と嘆いたとされている。

そして二十九歳の誕生日、ゴータマはついに出家することになる。夜の宴の後、みなが眠りこけているのを横目に、白馬カンタカに乗って御者チャンダカとともに宮殿を出ていったのである。

ゴータマは途中で装身具を外して髪を切り落とすと、チャンダカとカンタカと別れてひとりで歩きはじめる。やがて黄色い袈裟《けさ》を着た猟師と出会い、衣装を取り換えた。こうしてゴータマは出家修行者としての第一歩を踏み出したのである。

四門出遊

老・病・死という、人生の不可避な苦しみを目撃した後に現れた出家者のすがすがしい姿に感銘を受け、ついにゴータマは出家の決意を固めた。

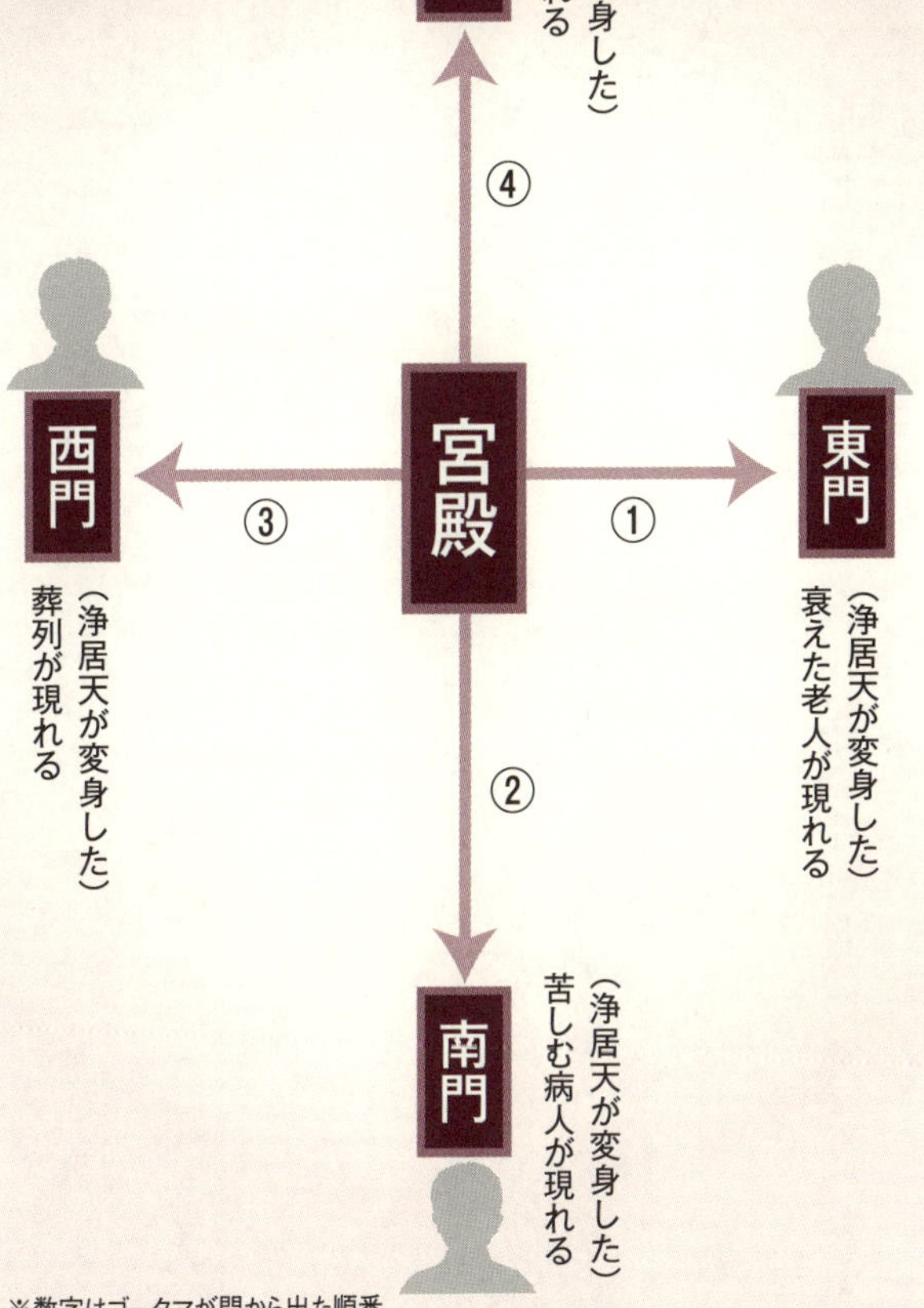
宮殿
北門
（浄居《じょうご》天《てん》が変身した）出家者が現れる
④
東門
（浄居天が変身した）衰えた老人が現れる
①
南門
（浄居天が変身した）苦しむ病人が現れる
②
西門
（浄居天が変身した）葬列が現れる
③

※数字はゴータマが門から出た順番

【釈迦の修行】

悟りを求め激しい苦行に身を投じる

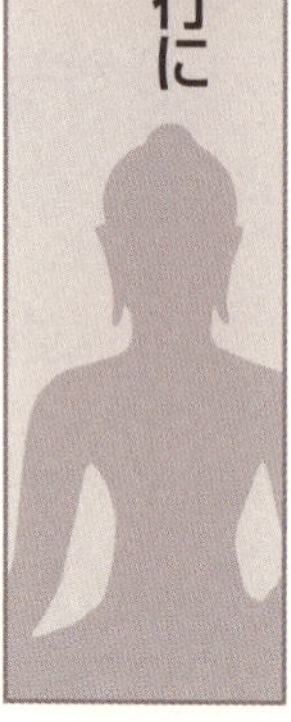

●マガダ国の王に認められる

ゴータマは七日間歩き続けて四大国のひとつであるマガダ国の都ラージャグリハに入って、托鉢《たくはつ》した後、修行者たちがいるというバンダヴァ山へと向かった。

托鉢の様子からゴータマの尊さを見抜いたマガダ国のビンビサーラ王は、みずからも山を訪れて彼と会見し、「国の半分を与えたい」と申し出る。当時、マガダ国はコーサラ国と対立しており、コーサラ国に属するサーキャ族と同盟を結んで優位に立とうとしたという見方もあるが、目的はなんにせよ、世俗に興味のないゴータマはこれを拒否する。

そこでビンビサーラ王は、「あなたが悟りを開いたあかつきには、この国に戻って教えを説いてほしい」と言い残して山を下りたという。

ゴータマはその後も遍歴《へんれき》の旅を続け、バラモン教に満足できず独自の思想をもつ修行者が多く住むというヴァイシャーリーの町を訪れた。

マガダ国の周辺図

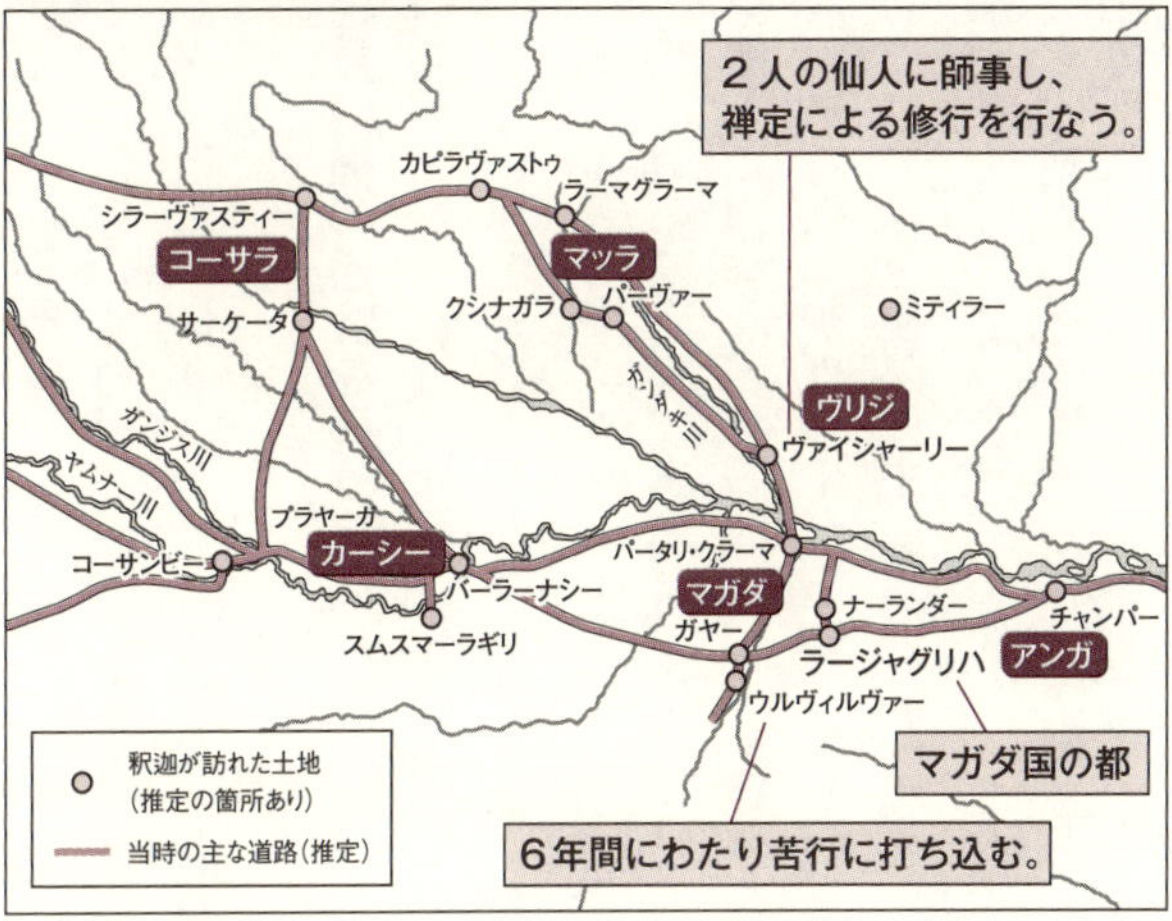
２人の仙人に師事し、
禅定による修行を行なう。
カピラヴァストゥ
ラーマグラーマ
シラーヴァスティー
コーサラ
マッラ
クシナガラ
パーヴァー
サーケータ
ミティラー
ガンダキ川
ヴリジ
ヴァイシャーリー
ガンジス川
ヤムナー川
プラヤーガ
カーシー
パータリ・クラーマ
コーサンビー
バーラーナシー
マガダ
ナーランダー
チャンパー
スムスマーラギリ
ガヤー
ラージャグリハ
アンガ
ウルヴィルヴァー
釈迦が訪れた土地
（推定の箇所あり）
当時の主な道路（推定）
マガダ国の都
６年間にわたり苦行に打ち込む。

ふたりの仙人に師事

ヴァイシャーリーでのゴータマは、苦行で知られるバッカバ仙の元を訪れた。しかし、修行の最終目的が死後に生まれ変わることだと知ると、それではすべての生き物が苦しむ輪廻転生《りんねてんしょう》からの解放には至らないと考えて立ち去った。

次に、ゴータマは別の二人の仙人に師事した。アーラーラ・カーラーマとウッダカ・ラーマプッターである。

アーラーラ仙からは所有するものは何もない無執着の境地（無所有処《むしょうしょ》）を学び、ウッダカ仙からは心に想うこともなく想わないこともない境地（非想非非想処《ひそうひひそうじょ》）を学んで、その境地を禅定《ぜんじょう》（瞑想《めいそう》）という修行によって体得する。

そして、その能力を評価したウッダカ仙から「弟子を指導してほしい」と懇願《こんがん》されたが、ゴータマは真の悟りへはつながらないと判断し、独自で修行して悟りを開く道を選ぶ。

●絶食同様の断食を続ける

当時、インドには瞑想を行なう禅定と肉体を苦しめる苦行《くぎょう》のふたつの修行方法があった。すでに禅定を習得したゴータマは、続いて苦行に入った。

苦行は仏教が興《おこ》るはるか以前から行なわれていた修行方法で、現在もインド各地で苦行者の姿をみることができる。ゴータマの時代にも多くの苦行者がいたと考えられ、彼らは人里離れた山林などで一人で、あるいは数人で苦行に励んでいた。

ゴータマはウルヴェーラーのセーナ村近くの山林で五人の苦行者とともに修行した。具体的には、体を極限にまで追い込む激しい断食《だんじき》や止息《しそく》などの苦行を六年間にわたって実践。断食は少しずつ食事を減らして、一日に麻《あさ》一粒、米一粒だけにし、最後は一週間に一粒だけにする絶食同様の断食も行なった。しかし、そうまでしても真の悟りを得ることはできなかった。

釈迦の師匠

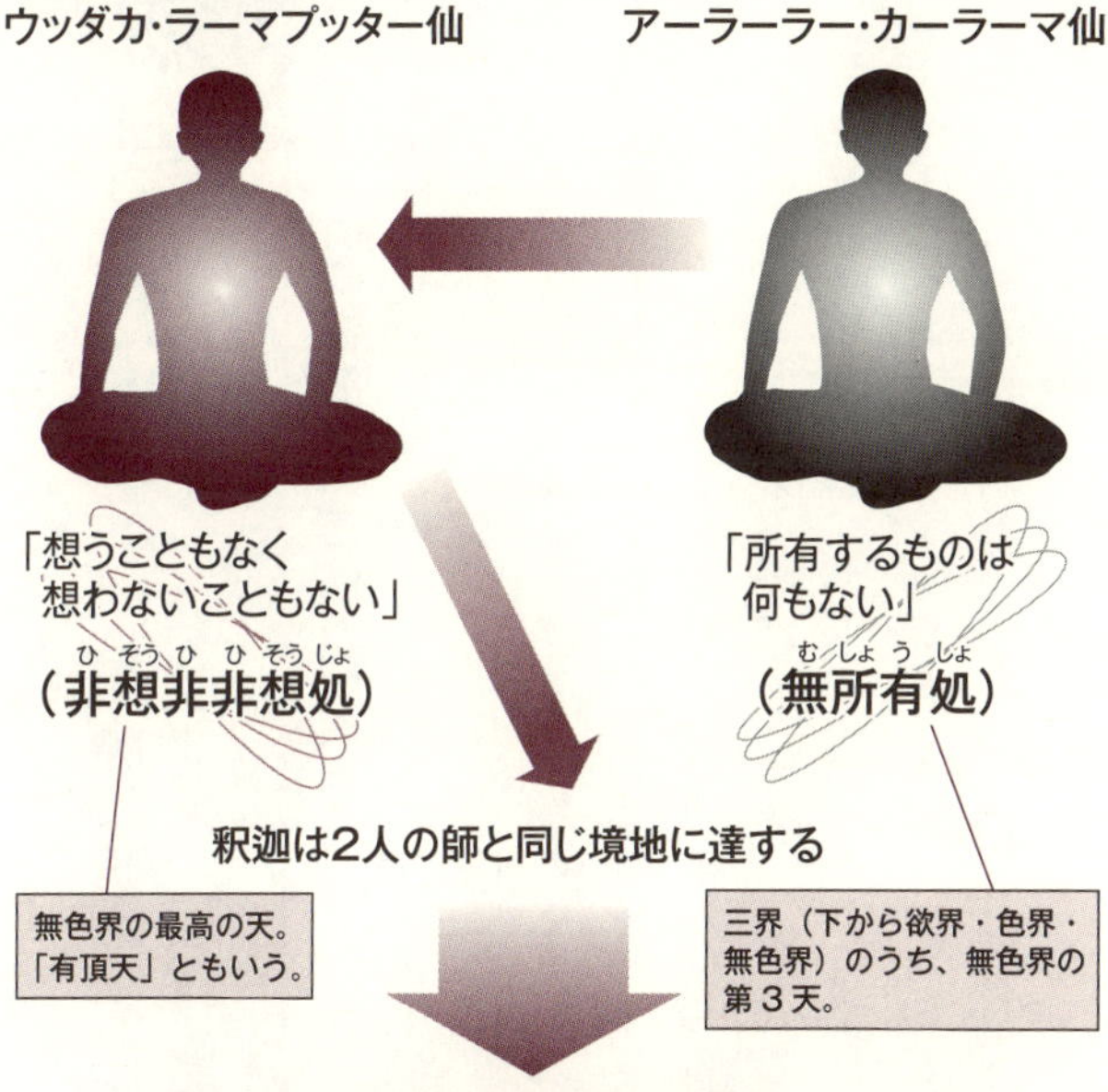
ウッダカ・ラーマプッター仙
アーラーラー・カーラーマ仙
「想うこともなく
想わないこともない」
（非想非非想処《ひそうひひそうじょ》）
無色界の最高の天。
「有頂天」ともいう。
「所有するものは
何もない」
（無所有処《むしょうじょ》）
三界（下から欲界・色界・無色界）のうち、無色界の第３天。
釈迦は2人の師と同じ境地に達する
独力で修行することを決心

釈迦の苦行像。骨と皮だけになった姿に、
苦行の厳しさがうかがえる。

【釈迦の成道】

悪魔の誘惑を退け菩提樹の下でブッダ（目覚めた人）となる

●スジャータの乳粥を食べて体力回復

ゴータマは断食や止息といった極限の苦行を六年ものあいだ実践し続けたが、悟りを得ることはできなかった。このまま苦行を続けても悟りは得られない、苦行は真実への道ではない――そう確信した彼は苦行をとりやめた。

五人の苦行僧たちから「堕落《だらく》した」と非難されたゴータマはセーナ村へ戻り、疲れ果てた体を癒《いや》すべく、スジャータという村の娘から供じられた乳粥《ちちがゆ》（砂糖と蜜を加えて牛乳で作った滋養食《じようしょく》のおかゆ）を食す。

そして活力を取り戻すと、ナイランジャナー川で身を浄めてガヤーの町の郊外（のちのブッダガヤー）へ赴《おもむ》き、アシュヴァッタ樹（のちの菩提樹《ぼだいじゅ》。ボーディ・ヴリクシャ＝悟りの樹）の下で瞑想をはじめたのである。「悟りを得るまで立たない」という強い決意にもとづいた瞑想だった。

●権力、美女……誘惑が修行者を襲う

瞑想中、ゴータマは悪魔（マーラー）の仲間、すなわち煩悩《ぼんのう》によるさまざまな誘惑に苛《さいな》まれた。

悪魔は世俗の権力の魅力を語ったり、美女を送り込んできたりして修行を妨げようとする。あるいは、恐怖を与えたり、修行の無意味さをささやいたりもした。

しかし、ゴータマの信念は揺らがず、その強い意志の前に悪魔は降伏させられたのである。

そして出家してから六年後、ついに悟りを開いた（成道《じょうどう》）。ゴータマはブッダ（目覚めた人）になったのである。

なお、中国や日本では十二月八日を成道の日とし、日本では現在もその日に「成道会《じょうどうえ》」という法要が営まれている。

悟りの地はブッダガヤーと称され、現在のインド・ビハール州のガヤーから南に一〇キロのところに位置する。何度も修復された五〇メートルの大塔が建っており、その背後には菩提樹が繁っている。

●釈迦が悟った内容とは

では、釈迦はどのようなことを悟ったのだろうか。

悟りの内容ついては古くからさまざまに語られてきたが、その真意はわれわれ凡人《ぼんじん》には分からない。釈迦自身、悟りの内容は言語を絶しているといい、人に話しても理解されないか、誤解されるのがオチだから誰にも語らないで自分の胸のなかに納めておこうと考えたほどだった。

ただ、あえて悟りの内容に言及すれば、悠久《ゆうきゅう》の過去から未来永劫《みらいえいごう》にわたって絶対に変わることのない絶対的な真理の総体を発見したということができるだろう。もっとも簡単な例を挙げれば、一＋一＝二である。これは宇宙に人類が出現する以前から一＋一＝二であり、人類が滅亡しても変わることがない。

●悟りを深める釈迦

釈迦は悟りを開いてから七日間、さらに瞑想を続けた。その後、別の樹下でも瞑想を行ない、悟りを深めていると、にわかに雲が起こり、暴風雨に襲われた。そのとき龍王《りゅうおう》が釈迦の体を七重に取り巻いて守ったという伝説も残されている。

ブッダガヤー周辺図

ナイランジャナー川
(ファルグ川)
ダウドナガル
ササラム
至バーラーナシー
ガヤー
アウランガバード
ビハール州
ブッダガヤー
至コルカタ(カルカッタ)
釈迦が悟りを開いたとされるこの地は、仏教における最高の聖地となっている。

ブッダガヤーの大塔

1881 年にイギリス人の考古学者カニンガムらが大塔を発掘し、ビルマ（現ミャンマー）の仏教徒らにより修築された。高さは約 50 メートル。

【釈迦の説法】

鹿野苑ではじめての説法を行なう

●悟りを広めることを決意する

悟りを開いた釈迦は、その悟りをさらに深めるため瞑想を続けた。悟りを伝えようという思いがないわけではなかったが、所有欲や我執《がしゅう》、怒りのとりこになっている人々に説いたところで理解されないだろうと考え、説法をためらっていた。

そんな釈迦に教えを説くことを勧めたのが梵天《ぼんてん》（ブラフマー神）である。

梵天はのちに帝釈天《たいしゃくてん》（インドラ神）とともに仏教の守護神となった当時のインドの最高神で、「この世には生まれつき汚れの少ない人がいる。彼らが教えを聞けば、真理を知るでしょう」と、ためらう釈迦に説法するよう懇請した。その言葉に釈迦も心を動かされ、伝道《でんどう》を決意する。これを梵天勧請《かんじょう》という。仏教が広まるきっかけとなったことを示す重要な伝説である。

インド古来の秘教の教授は師と弟子のあいだで行なわれていた。しかし、ひとたび説法

鹿野苑周辺図

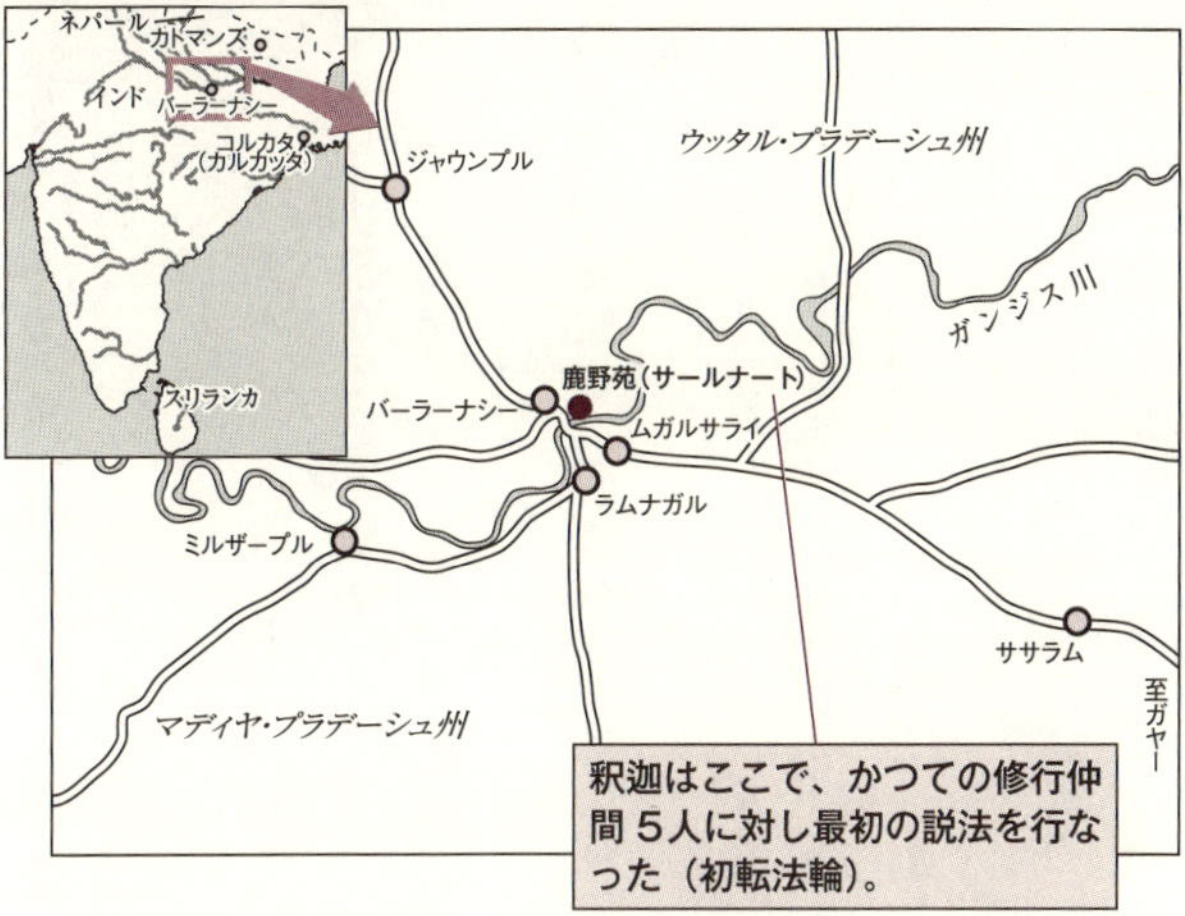
ネパール
カトマンズ
インド
バーラーナシー
コルカタ
(カルカッタ)
スリランカ
ジャウンプル
ウッタル・プラデーシュ州
ガンジス川
鹿野苑（サールナート）
バーラーナシー
ムガルサライ
ラムナガル
ミルザープル
ササラム
至ガヤー
マディヤ・プラデーシュ州
釈迦はここで、かつての修行仲間５人に対し最初の説法を行なった（初転法輪）。

することを決意した釈迦は、教えが日常のなかで万人に実践されることにこそ意味があると考えた。教えは万人に説かれるべきということだ。

●私に師匠は存在しない

釈迦が最初に教えを説こうとしたのは、かつて師事したアーラーラー仙とウッダカ仙だった。しかし、二人ともすでにこの世の人でなかったため、かつて苦行をともにしながら、苦行をやめた釈迦に失望して去っていった五人の苦行僧たちに説法しようとした。

釈迦はカーシー国の都バーラーナシー郊外の鹿野苑《ろくやおん》（サールナート）に向かう。この旅の途中、六師外道のひとつであるアージーヴイカ教徒のウパカと出会った。光り輝く釈迦に目を留めたウパカが釈迦に師匠について尋ねると、釈迦は「私はすべてに打ち勝った者。私に師匠は存在しない」と答えたと伝わる。これを無師独悟《むしどくご》という。

●バーラーナシーでの初説法

釈迦はまもなくバーラーナシーに入った。五人の苦行僧たちは、「堕落した男がやってきた」「出迎えるのはやめよう」などとささやき合って敬遠しようとした。ところが釈迦が近づくと、彼に備わった威厳とすがすがしさに心を打たれ、みな合掌《がっしょう》して彼を迎えたのである。

そして、その日のうちに釈迦は五人に説法を行なった。はじめて法《ほう》の輪《わ》を転じる（説法をする）という意味から、これを初転法輪《しょてんぽうりん》という。

初転法輪の内容は、中道《ちゅうどう》（不苦不楽《ふくふらく》の道）、四諦《したい》（四つの聖なる真実）、八正道《はっしょうどう》（八つの正しい道）だったと伝わる。

説法を受けた五人の苦行僧たちは釈迦に帰依《きえ》して比丘《びく》（僧侶）となり、ここに釈迦を含めた六人からなる仏教教団（サンガ）が生まれた。

●仏教の三宝

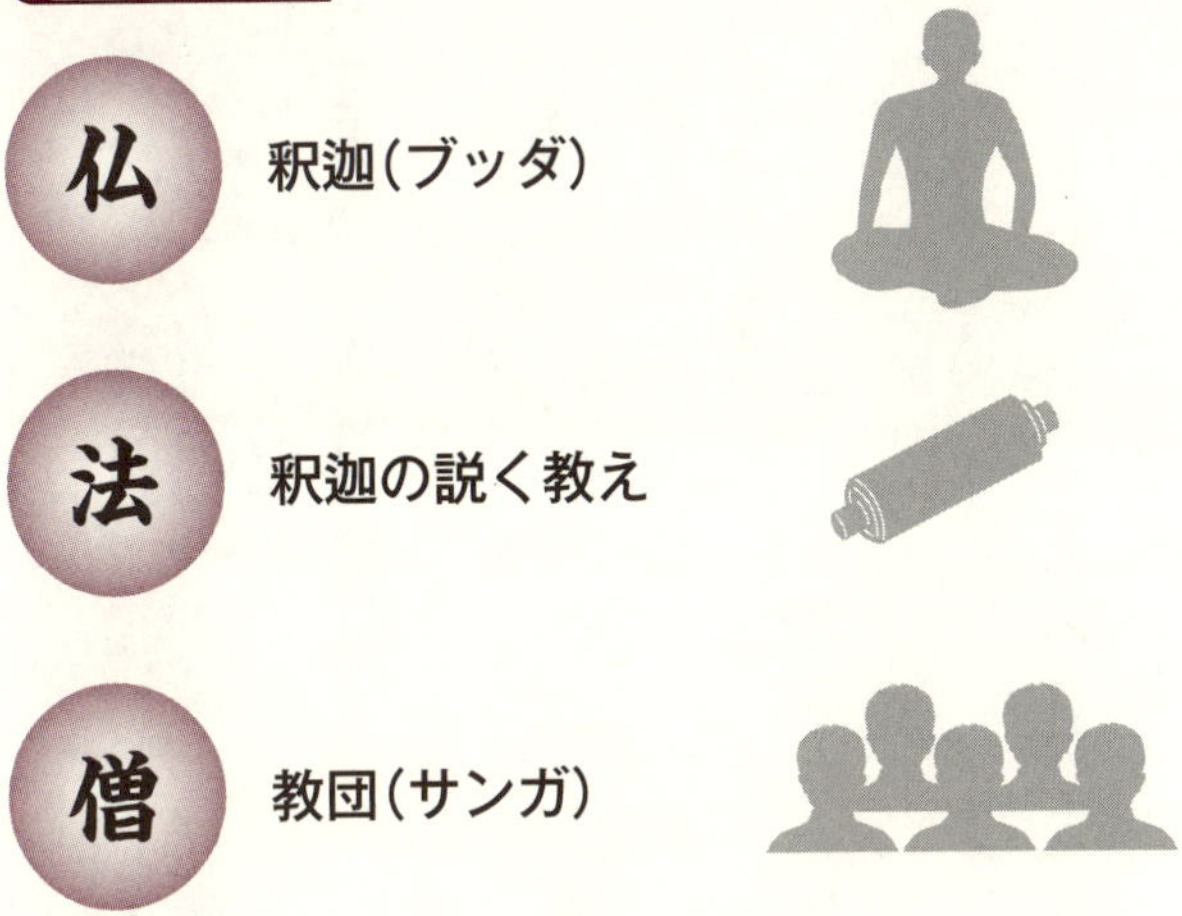
仏
釈迦（ブッダ）
法
釈迦の説く教え
僧
教団（サンガ）

こうして釈迦すなわちブッダである「仏」、教義の「法」、教団の「僧」の三宝《さんぽう》がそろい、仏教が宗教として成立する。釈迦と五人の弟子たちは托鉢《たくはつ》に出かけたり、教えを説いたり受けたりする生活を送り、やがてみな釈迦と同じ境地に達したと伝わる。

●鹿野苑が仏教の聖地のひとつに

釈迦がはじめて教えを説いた鹿野苑は現在、サールナートと呼ばれ、仏教の四大聖地のひとつとなっている。

そこから出土したアショーカ王の石柱の四頭の獅子《しし》の足元に掘られていた法輪は、釈迦や仏教を象徴する紋章とみなされ、のちにさまざまな仏教美術で使われるようになった。

【釈迦の伝道】

布教と修行の拠点となった竹林精舎と祇園精舎を得る

●バラモン教徒の挑戦を受ける

バーラーナシーでは、五人に続いて富豪の息子ヤサが釈迦の元に出家した。さらにヤサの両親と妻が教団初の在家信者《ざいけしんじゃ》になると、彼の友人たちも釈迦の説法に触れて相次いで出家した。こうして比丘の数は六一人（釈迦を含む）となり、彼らはそれぞれ分かれて伝道の旅に出ることにした。

釈迦は悟りを開いたマガダ国のウルヴェーラーに向かい、カーシャーパー三兄弟を訪ねる。彼らは火神を奉《ほう》ずる役割を担う有力なバラモン教徒だった。

釈迦は長兄のウルヴェーラー・カーシャパーの挑戦を受けたが、神通力《じんつうりき》を駆使《くし》して勝利。長兄は五〇〇人の弟子、二人の弟たちとともに出家した。

これは仏教史においても非常に大きな転機となった。当時栄えていたバラモン教徒を転向させることで、新興の仏教が伝統のバラモン教に楔《くさび》を打ち込み、その礎《いしずえ》を築いたから

竹林精舎

釈迦がしばしば訪れて説法を行なったラージャグリハにあった寺院。奉納された竹林に建てられたため、こう呼ばれる。

である。

●竹林精舎と祇園精舎の成立

一〇〇〇人の弟子を引き連れた釈迦が次に赴いたのは、マガダ国の都ラージャグリハだった。釈迦は「悟りを開いたあかつきには法を説きに戻る」と国王と約束していたのだ。

釈迦が教えを説きはじめると、ここでもビンビサーラ王をはじめ多くの人々が仏教に帰依《きえ》してきた。王は郊外にある竹林《ちくりん》の園を釈迦に精舎《しょうじゃ》（僧院）として寄進した。これを竹林精舎という。

コーサラ国には、身寄りのない人に施《ほどこ》しをしてアナータピンディカ（給孤独《ぎっこどく》）長者と呼ばれたスダッタ長者がいた。彼もマガダ国を訪れたときに釈迦の教えに触れて在家信者となる。スダッタはコーサラ国の都シラーヴァスティーにあるジェータ王子の所有する森を土地に敷き詰めるだけの黄金と引き換えに譲り受け、王子とともに精舎を建てて寄進した。これを祇樹給孤独園精舎《ぎじゅぎっこどくおんしょうじゃ》、略して祇園精舎《ぎおんしょうじゃ》という。

竹林精舎と祇園精舎は都会に近くて布教に便利なうえ、瞑想にも適していた。そのため初期仏教の布教と修行の拠点となった。当時は雨期の三か月間一カ所にとどまる以外は、みな分かれて諸国を遊行《ゆぎょう》していたが、精舎が寄進されると次第に定住するようになった。

●教団の組織が確立する

初期の仏教教団のサンガは正式な出家信者である比丘と女性信者の比丘尼《びくに》があり、それぞれサンガを作って生活していた。また、未成年の出家見習いは男性が沙弥《しゃみ》、女性が沙弥《しゃみ》尼《に》と呼ばれ、二十歳になると生活の規則である具足戒《ぐそくかい》を授けられ、比丘と比丘尼になった。

一方、一般社会に身を置きながら仏法に帰依して、殺生《せっしょう》や盗みをしないなど五つの戒《いましめ》である五戒《ごかい》を守って生活を送る在家信者もいた。その男性を優婆塞《うばそく》、女性を優婆夷《うばい》といい、彼らが出家者を経済面で支援した。

祇園精舎の見取り図

祇園精舎

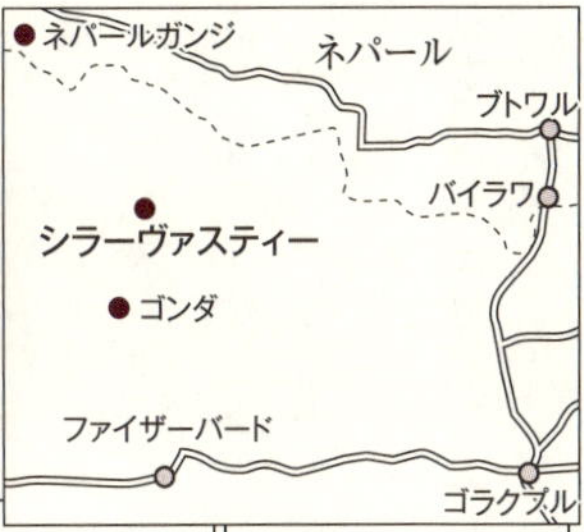

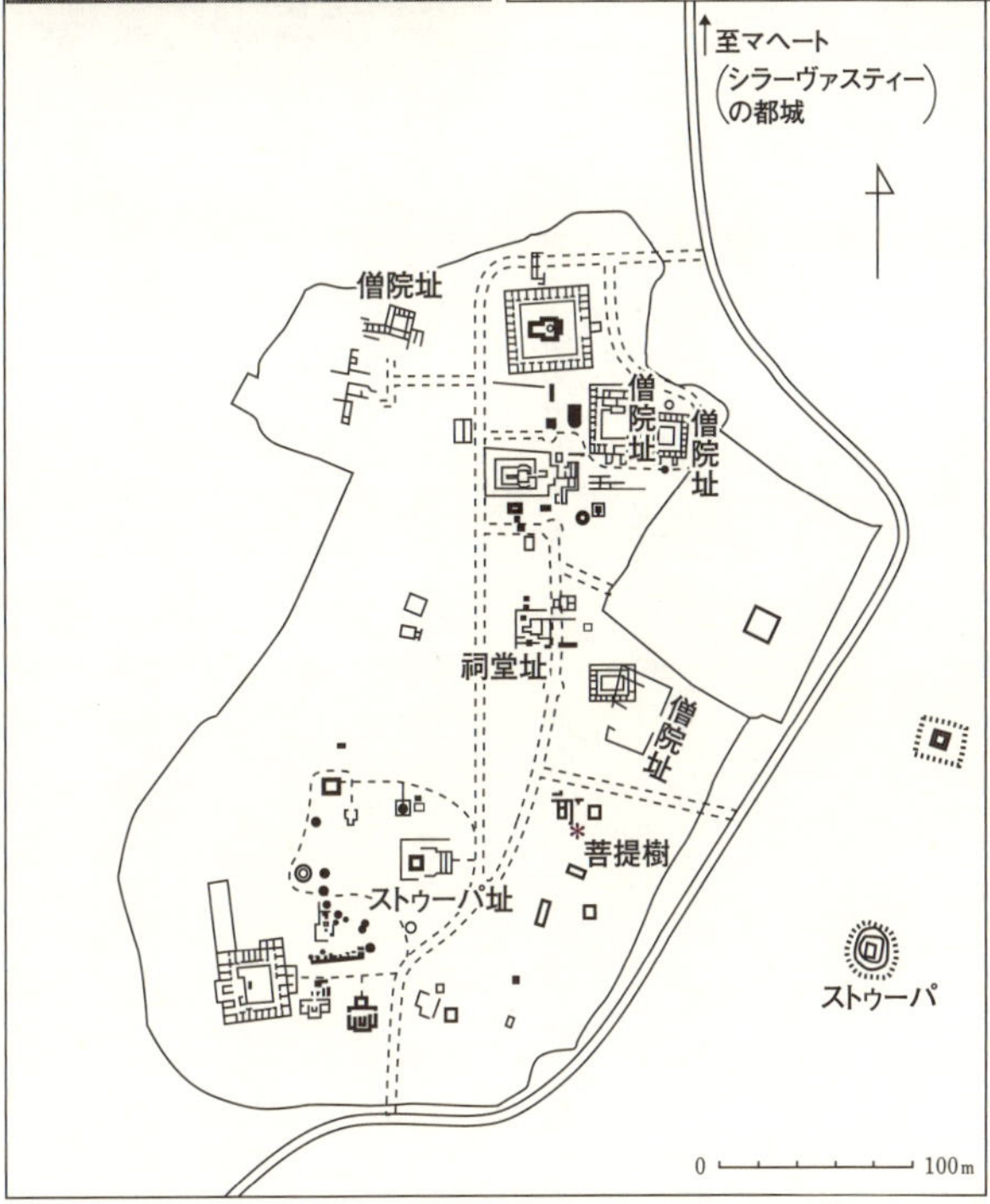

参考:『新編　ブッダの世界』中村元編著（学習研究社）

【釈迦の帰郷】

故郷の一族が次々と出家する

●次々と出家する父王の使者たち

息子が悟りを開いたことを知った父のシュッドーダナ王は、釈迦に帰郷するよう使者を遣《つか》わす。ところが、使者たちは釈迦の説法を聞くと、感動のあまりことごとく使命を忘れて出家を望み弟子になってしまった。

ようやく十度目の使者が出家しながらも使命を伝えると、釈迦はそれを受け入れて故郷のカピラヴァストゥに向かった。

釈迦が帰郷した時期については諸説ある。『因縁譚《いんねんたん》』では城を出てから七年後の帰郷とされるが、『方広大荘厳経《ほうこうだいしょうごんきょう》』では十二年目、『十二遊行経《じゅうにゆぎょうきょう》』では二十四年目とされる。

●一族をみな出家させてしまう

釈迦は帰郷しても宮殿に入らず、ニグローダ樹園にとどまり托鉢してまわった。父王は

カピラヴァストゥの周辺図

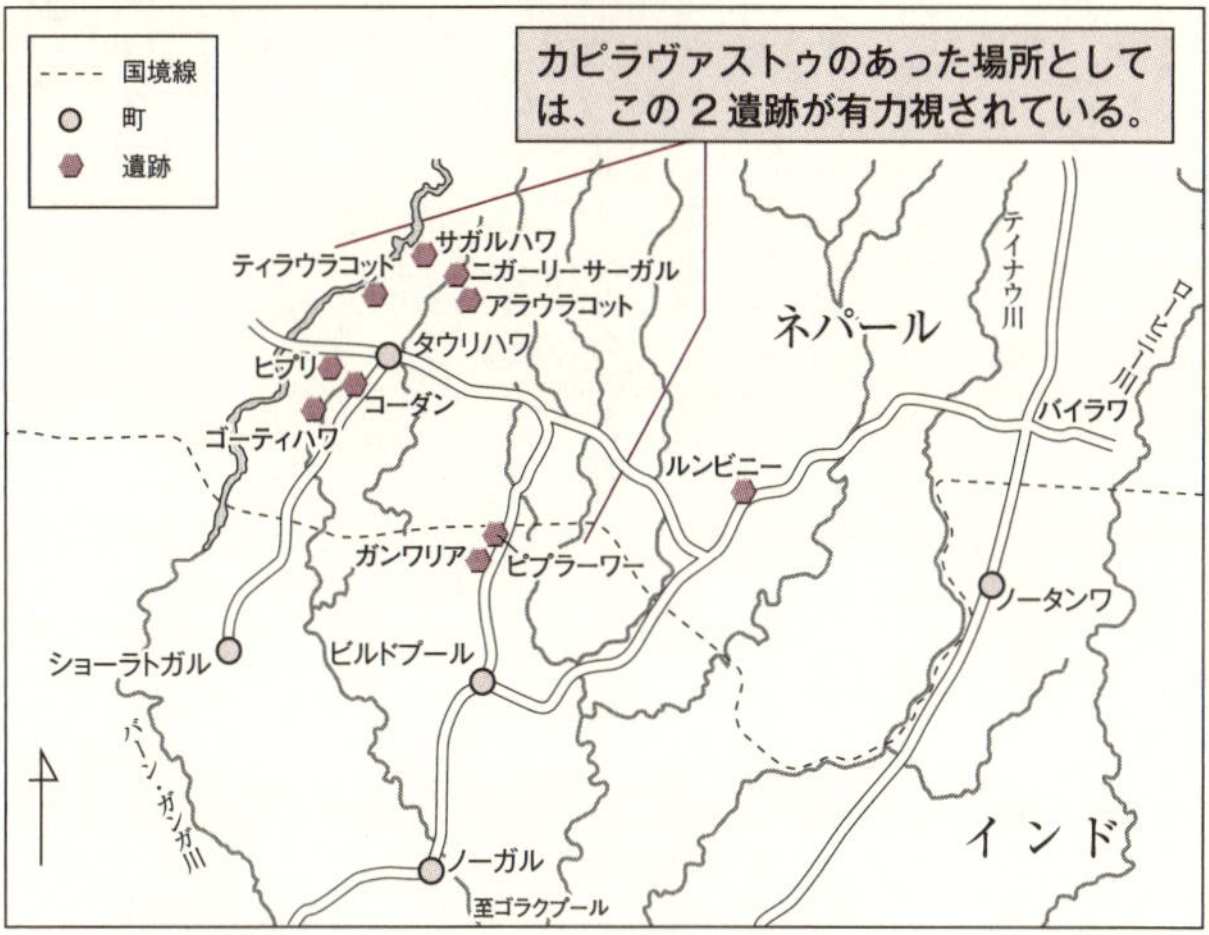

「恥をかかせる気か」と激怒するが、釈迦は「托鉢行乞《ぎょうこつ》が正しい教えです」と答え、その道を示している。

釈迦は八日間にわたって滞在し、王一族をはじめ家臣団や領民に説法した。

このとき釈迦の帰郷に合わせて、シュッドーダナ王の後継者ナンダ（釈迦の異母弟）の結婚式が執り行なわれる予定だったが、その前日に釈迦はナンダを出家させてしまった。あるいは結婚式の最中に連れ出したともいわれる。

また、釈迦は十二歳の息子ラーフラも法の相続者になるようにと沙弥にした。息子のナンダ、孫のラーフラに出家されてしまった父王は、釈迦のいとこバッディヤを王位につけたが、そのバッディヤもいとこのアルニッダに誘われて出家。さらに、釈迦の妻ヤショーダラーの弟デーヴァダッタ（提婆達多）とアーナンダ（阿難）兄弟も出家した。

ラーフラとアーナンダは、のちに釈迦の十大弟子になった。また、ナンダの母で釈迦の養母でもあるマハープラジャーパティーは、女性初の在家信者となり、のちに女性初の比丘尼となった。

こうして釈迦は、一族のほとんどを出家させたのである。

●シュッドーダナ王の願い

子や孫、妃《きさき》などに出て行かれ、城に取り残されたシュッドーダナ王は、この状況を大いに嘆き、「これからは父母の許しを得たうえで出家させてほしい」と願った。これを釈迦は受け入れ、戒律《かいりつ》として後世に伝えることにする。

結局、王は最後まで出家しなかったが、仏教に帰依した。そして死の直前には釈迦に合うことを熱望したため、釈迦はナンダやラーフラなどを連れて病床の父を見舞った。王は臨終《りんじゅう》に悟りを得たと伝わる。

なお、王の死後、サーキャ族はコーサラ国に滅ぼされている。

釈迦の系図

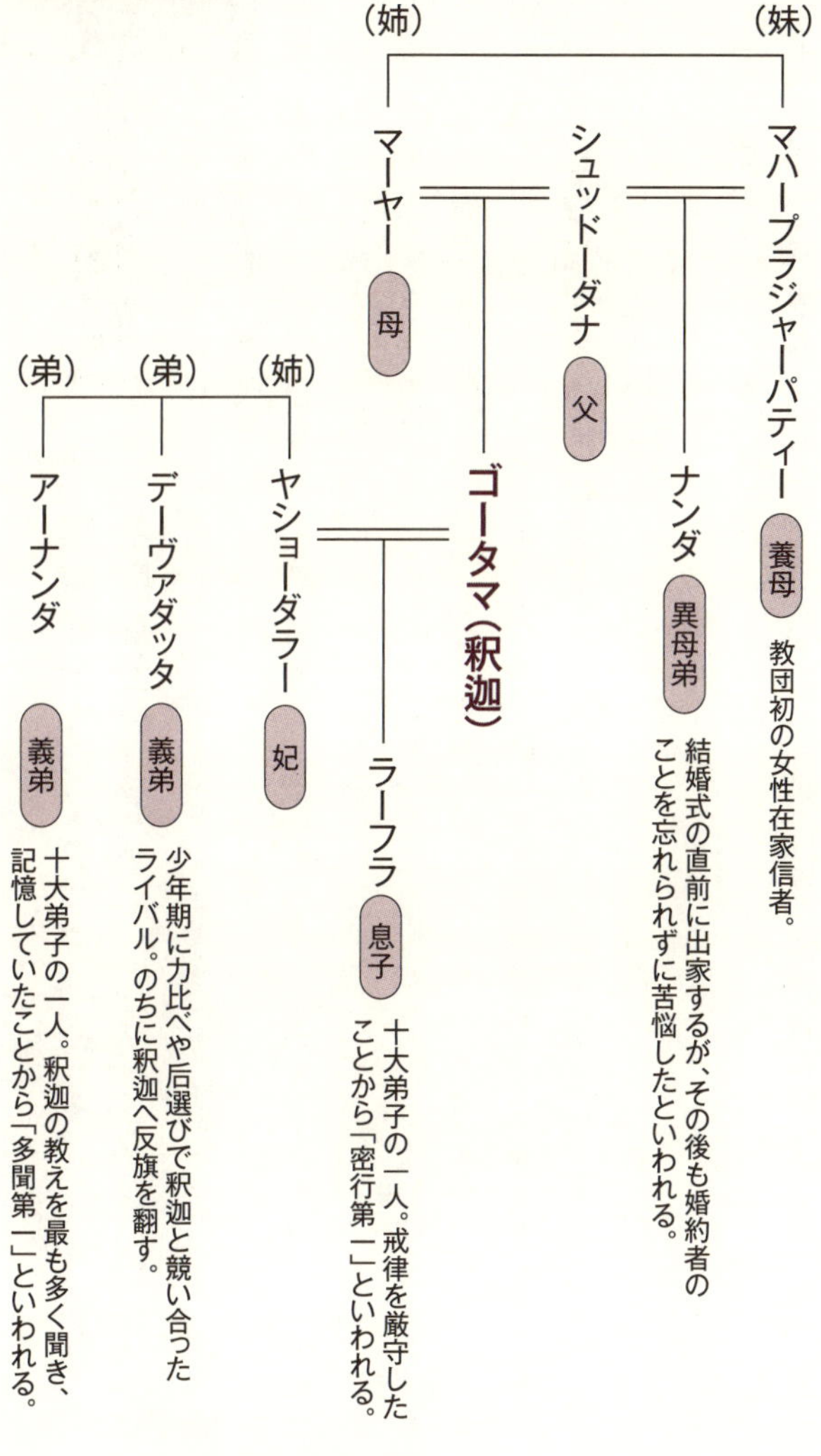
（姉）
（妹）
マーヤー
母
シュッドーダナ
父
マハープラジャーパティー
養母
教団初の女性在家信者。
ナンダ
異母弟
結婚式の直前に出家するが、その後も婚約者のことを忘れられずに苦悩したといわれる。
ゴータマ（釈迦）
（弟）
（弟）
（姉）
アーナンダ
義弟
十大弟子の一人。釈迦の教えを最も多く聞き、記憶していたことから「多聞第一」といわれる。
デーヴァダッタ
義弟
少年期に力比べや后選びで釈迦と競い合ったライバル。のちに釈迦へ反旗を翻す。
ヤショーダラー
妃
ラーフラ
息子
十大弟子の一人。戒律を厳守したことから「密行第一」といわれる。

【釈迦の受難】

異端者デーヴァダッタの反逆で教団が分裂する

●釈迦の殺害を企てた異端者

釈迦の妻の弟で、兄弟のアーナンダ（阿難）とともに出家したデーヴァダッタ（提婆達多）は、釈迦に反逆を企てた異端者として知られる。

あるときデーヴァダッタは、釈迦に対して「あなたは歳をとった。私に教団を譲ってください」と引退を勧告した。しかし、これを釈迦に拒《こば》まれ、激しく叱責《しっせき》されたため、釈迦を恨《うら》んで命を狙ったのである。デーヴァダッタはマガダ国のアジャータシャトル王子をそそのかして釈迦に刺客《しかく》を差し向けさせたり、みずから山の上から大きな石を落としたりした。しかし、いずれも失敗に終わる。

●デーヴァダッタにより教団が分裂

デーヴァダッタの釈迦に対する要求は、引退勧告のほかに修行に関するものもあった。

デーヴァダッタの陰謀

作戦(1)	マガタ国の王子をそそのかし、釈迦に**刺客**を差し向ける。	➡ 刺客は釈迦の威厳に怖気づき、説法を聞いて回心、帰依した。
作戦(2)	山頂から釈迦へ向けて**岩**を転がし落下させる。	➡ 2つの山が動いて岩を受け止めた。
作戦(3)	托鉢中の釈迦に対して**暴れ象**をけしかける。	➡ 象は釈迦の慈悲深さに感服し、従順になった。

修行者に対する戒律をより厳しくしてほしいというのである。

デーヴァダッタはこの要求も拒否されると、自分に賛同する五〇〇人の比丘を連れてガヤーシーサ山にこもってしまった。

ほとんどの比丘が釈迦の差し向けた長老に説得され教団に戻ったものの、デーヴァダッタは少数の仲間を連れて別の教団をつくり、教団を分裂させた。こうして仏教ははじめて分裂したのである。

仏伝によると、デーヴァダッタはこの後、苦しみながら亡くなり、無間《むげん》地獄《じごく》に落ちたといわれている。しかし、七世紀にインドを訪れた玄奘《げんじょう》などは、デーヴァダッタの一派がその後も続いていたことを伝えている。

【釈迦の入滅】

最後の伝道の旅を終え
娑羅双樹の下で涅槃に入る

●最後の旅に出た釈迦

悟りを得てから約四五年間、インドの東北地方を旅しながら真理を説き続けてきた釈迦はすでに八十歳になっており、みずからの死が近いことを知る。そこで長年つき従っている弟子のアーナンダを連れ、かつて訪れた地を訪ね歩く最後の伝道の旅に出た。

マガダ国の都ラージャグリハ近郊にある霊鷲山《りょうじゅせん》を出てナーランダーを通り、パータリ村（のちのパータリプトラ）を経て、ヴァッジ国の都ヴァイシャーリーに至る。ちょうど雨季になったため、雨安居《うあんご》（一定の場所に籠《こ》もって修行すること）に入った。このとき釈迦は病を得ており、激しい痛みに耐えていた。

●アーナンダへの最後の説法

アーナンダが最後の説法をと懇願《こんがん》すると、釈迦は「私の体はたとえるなら古い車が皮ひ

●釈迦の晩年の足跡

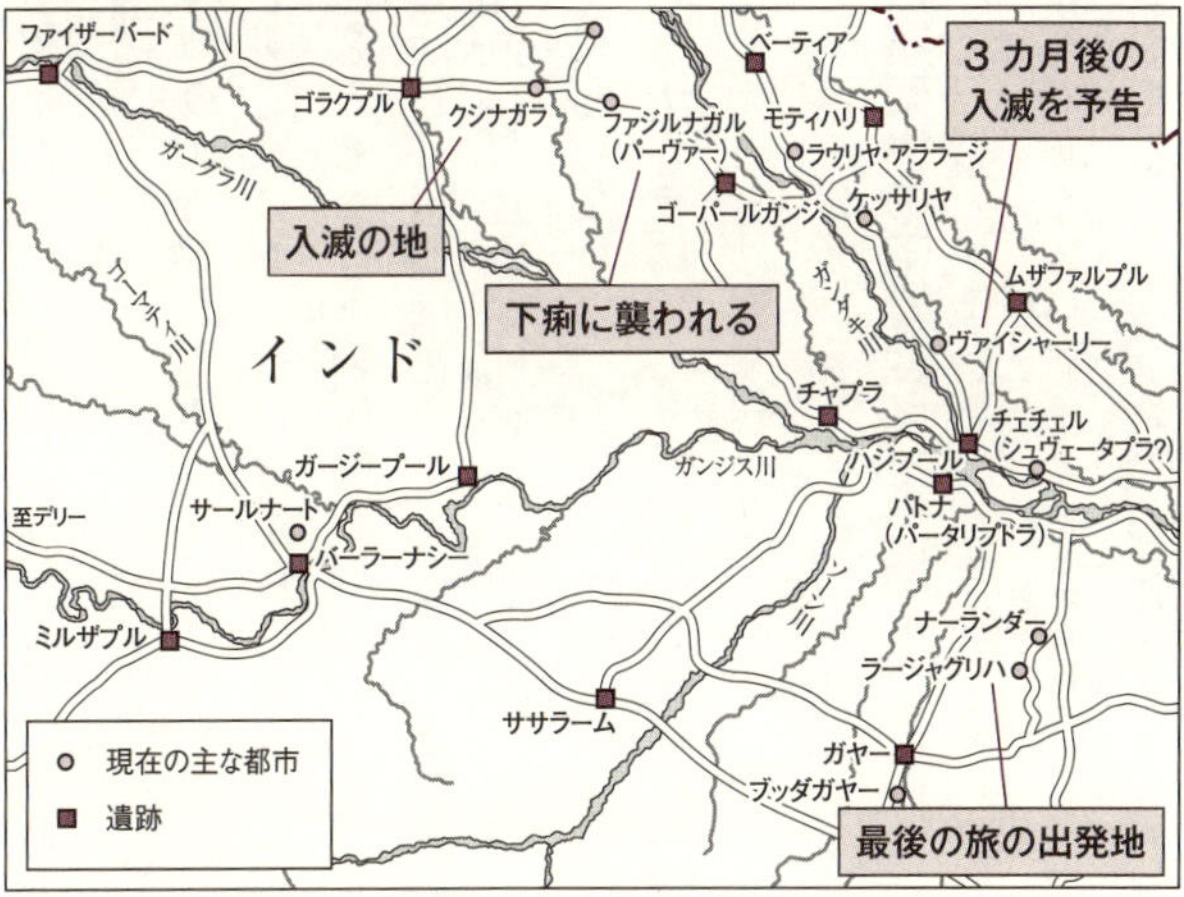

もの助けでようやく動いているような状態だ」と伝えた。

さらに釈迦は、「私は教団を守ろうとか弟子たちを導こうとは考えていない。みずからを燈《ともしび》とし、みずからを拠《よ》りどころとし、教えを拠りどころとするように」と続けた。師匠に頼りがちな弟子に対して、人生は自分の手で律して正すべきであり（自燈明《じとうみょう》）、真理である教え以外を指標としてはいけない（法《ほう》燈明《とうみょう》）というのである。これは仏教の基本的な教えとして後世に伝えられた。

●布施の食事を食べて中毒に

その後、釈迦は弟子たちを集め、自身が三か月後に入滅《にゅうめつ》すると予告する。そして混乱する弟子たちに「この世は無常で、永遠ではない」と厳《おごそ》かに告げ、余力を振り絞って最後の旅を続けた。

マッラ国の都クシナガラに向かう途中、バーヴァー村の鍛冶師《かじし》チュンダが所有するマンゴー園で休息をとり、彼から提供された食事をとったところ、釈迦は背中に激痛を覚え、出血をともなう下痢《げり》に襲われる。

しかし、釈迦はこのままではチュンダが人々に非難されてしまうと心配し、「チュンダが布施《ふせ》した食事は村娘スジャータの乳粥と同じくらい尊い、と彼に伝えなさい」とアーナンダに告げている。

クシナガラに着くと、疲れた釈迦は沙羅双樹《さらそうじゅ》の下に床を用意させ、頭を北にして横たわる。このとき沙羅双樹の花が咲き、花びらが釈迦の上にふり注いだという。

●沙羅双樹の下で迎えた最期

クシナガラの町では、釈迦が入滅すると聞いた多くの人々が集まってきた。そのなかのひとりであるスバドラという名の一二〇歳の長老は、釈迦にさまざまな疑問を投げかけて解決してもらうと、ただちに出家して釈迦の最後の弟子となった。

人間だけではなく牛、馬、象、小鳥など五二の生類《しょうるい》も駆けつけ、釈迦を見守った。そうしたなか、釈迦は「怠ることなく修行しなさい」と弟子たちに自覚を求める言葉を残し、礼拝《らいはい》を受けながらついに入滅、涅槃《ねはん》に入った。涅槃の日は紀元前三八三年とされるが、紀元前四八三年説など諸説ある。また南アジアではヴェーサカ月の満月の日、日本では二月十五日をその日としている。

生前、釈迦は自分の葬儀で出家者の修行がおろそかになることを危惧《きぐ》し、葬儀は在家信者によって執り行なうよう指示していた。そのため、クシナガラに住むマッラ族の人々によって葬儀が行なわれた。

釈迦の遺体は七日間供養《くよう》を受けた。そして教団一の長老であるマハーカーシャパによる長い説法と礼拝が終わると、不思議なことに薪《たきぎ》が自然に燃え上がったという。その後、マッラ族の聖地であるマクダバンダナにて荼毘《だび》にふされた。

●釈迦の遺骨の行方

釈迦の遺骨（舎利《しゃり》）は各国の王たちによって争われたが、バラモン僧ドーナの調停によりマッラ族、サーキャ族、マガダ国などに八分割された。そして各地にストゥーパという塔が建てられ、そのなかに舎利が納められた。

釈迦の入滅から二〇〇年後にはインドで最初の統一王朝であるマウリヤ朝を築いたアショーカ王が八基のストゥーパを開いて仏舎利を取り出し、それを米粒大に砕いて、インド全土に建てたストゥーパに納めた。

釈迦の遺徳を偲《しの》んだ人々は、各地のストゥーパに参集して信仰を深めた。これが紀元前後に大乗《だいじょう》仏教が興起《こうき》する原動力のひとつになったといわれている。

一八九八年、植民地時代のインドに派遣されていた執政官ペッペが、ピプラーワーというところで最初に分割された舎利用器を発見した。

そのなかには舎利が入っており、壺には古代マガダ語で「釈迦族の聖者を祀《まつ》る」という意味の文言《もんごん》が刻まれていた。

文言は古い経典や文書にも見えているもので、その後の文献学的・考古学的調査の結果、釈迦の真骨（本物の骨）であることがわかった。これにより、釈迦が実在の人物だったことが確定したのである。

一九〇〇年には仏舎利の一部が当時のシャム国（現在のタイ）の国王から日本に贈られ、一九一四年に名古屋の日泰寺《にったいじ》という超宗派の寺院を創建して祀られることになった。

仏舎利の分配

アフガニスタン
パキスタン
中国
ネパール
エベレスト
インド
バングラデシュ
ミャンマー
パガン
ヤンゴン
タイ
スリランカ
ピプラーワー
1898年、イギリスの駐在官ペッペがこの地を発掘し、遺骨を納めた舎利壺を発見。そこにはブラーフミー文字で、釈迦の遺骨であることが記されていた。
シュエジゴン・パゴダ
釈迦の遺骨や歯を奉納したといわれる。パガン朝の創始者アノーヤター王（在位1044〜77）によって建立された。
スーレー・パゴダ
2000年以上も前に建てられたといわれる。釈迦の遺髪が安置されているといわれる。
シュエダゴン・パゴダ
およそ2500年前に築かれたとされる高さ98mのパゴダで、金箔に包まれている。
仏歯寺（キャンディ）
スリランカ仏教の総本山といわれる、釈迦の歯を祀った寺。釈迦が火葬された際に、その歯をインドの王子が頭髪に隠して持ち込んだ。

仏舎利は当初８等分され、10カ所に奉納されたが、アショーカ王の時代に再分配された。

こらむ

〈仏教と肉食〉

なぜ精進料理は肉や魚を使わないのか

仏教の食事といえば、精進《しょうじん》料理が思い浮かぶ。肉類や魚介類などの動物性食品を用いず、野菜や海草などの植物性食品を材料とした料理のことである。近年の健康ブームを背景に人気を高めており、一般の料理店だけでなくお寺でふるまわれるケースも増えてきた。

この精進料理の存在も「仏教＝肉食厳禁」のイメージを強める要因のひとつになっているが、実は釈迦《しゃか》在世の時代には肉食は禁止されていなかった。確かに釈迦は肉を食べるために動物を殺すことは禁じていた。しかし、肉食そのものは禁じていなかったのである。

実際、釈迦の最後の食事、つまり鍛冶師《かじし》チュンダの施《ほどこ》しには豚肉が入っていたとされる。それを釈迦は食べたし、弟子たちに対しても「信徒が提供してくれた食事に肉が入っていても残さずに食べよ」と教えていた。

では、なぜ精進料理は動物性食品を使わないのか。その理由は中国にあると考えられている。中国に伝わった大乗《だいじょう》仏教では肉食を強く禁じており、特に梁《りょう》の武帝《ぶてい》が僧侶に対して肉食厳禁と戒めた。そのため肉を用いない料理が考案され、それが日本にも広まったのである。

第二章　釈迦の教え

【一切皆苦】

この世の誰もが避けられない八つの苦しみ

●苦が釈迦の出家の原点

釈迦《しゃか》が「ゴータマ」と呼ばれていた王子時代に出家《しゅっけ》したのは、われわれの人生が苦しみに満ちていると悟《さと》ったことがきっかけだった。

ゴータマはサーキャ族の王子として何不自由のない生活を送りながら、生老病死《しょうろうびょうし》という人間の根源的な苦しみを目の当たりにして思い悩んだ。その様子は四門出遊《しもんしゅつゆう》のエピソードに描かれている。

人間をはじめとする生き物はみな苦から逃れられない、どうすれば苦を解決することができるのか——この問いがきっかけでゴータマは出家し、修行を重ねて悟りを開き、ついにブッダ（目覚めた人）となったのである。

●避けられない八つの苦しみ

仏教では、この世の誰もが避けることのできない苦しみを八つに分けて考える。

まず、生老病死という根源的な苦しみを四苦《しく》という。生苦はこの世に生を受ける苦しみ、老苦《ろうく》は老いる苦しみ、病苦《びょうく》は病気になる苦しみ、死苦《しく》は死ぬ苦しみ。つまり、生まれたときから死に向かって進んでいき、その過程において老いたり病気にかかったりして、最後に死が訪れるという苦しみである。

四苦八苦とは

1 生苦《しょうく》
この世に生を受ける苦しみ

2 労苦《ろうく》
老いる苦しみ

3 病苦《びょうく》
病気になる苦しみ

4 死苦《しく》
死ぬ苦しみ

5 愛別離苦《あいべつりく》
愛する人と別れる苦しみ

6 怨憎会苦《おんぞうえく》
恨みや憎しみを感じる人と
会わなくてはならない苦しみ

7 求不得苦《ぐふとくく》
求めるものを得られない苦しみ

8 五蘊盛苦《ごうんじょうく》
身心が思い通りにならない苦しみ。
五取蘊苦《ごしゅうんく》ともいう

四苦（1〜4）　誰もが避けられない根源的な苦しみ

八苦（1〜8）　四苦八苦は、無常の世界に生きている限り避けることはできない

この四苦に、社会生活を送るなかで出会う四つの苦を加えたものを八苦《はっく》といい、八つ合わせて四苦八苦という。

八苦のうち愛別離苦《あいべつりく》は愛する人と別れる苦しみ、怨憎会苦《おんぞうえく》は恨みや憎しみを感じる人と会わなくてはならない苦しみ、求不《ぐふ》得苦《とっく》は求めるものを得られない

苦しみ、五蘊盛苦《ごうんじょうく》は身心が思い通りにならない苦しみである。

五蘊盛苦は八苦のほかの七苦をまとめたものともいえる。そもそも五蘊とは、色蘊《しきうん》（物質）、受蘊《じゅうん》（感受作用）、想蘊《そううん》（概念作用）、行蘊《ぎょううん》（心の働き）、識蘊《しきうん》（認識作用）からなり、簡単に言うと人の心とからだを意味する。

仏教では五蘊を「ガンジス川に浮かぶ泡《あわ》は中身は空《から》っぽだ。それと同じく、人間のからだも見せかけだけで空の存在にすぎない」とたとえて説く。

しかし、五蘊こそが自己であり、煩悩《ぼんのう》を生じさせる元となる。五蘊（自己）があるから七苦も生まれるのである。

●一切皆苦は悲観主義か

悟りを得た釈迦が説いた教えのなかには、一切皆苦《いっさいかいく》というものもある。結局、この世のすべては苦であるということだ。

この教えは、仏教に関心をもつ外国人などから悲観主義、厭世《えんせい》主義と批判されることがあるが、それは必ずしも正しくない。仏教において一切皆苦はあくまでも現実を示す出発点であり、悟りを開いて涅槃《ねはん》の境地に達すれば、苦から解放されるからである。

人間の心身を構成する五蘊

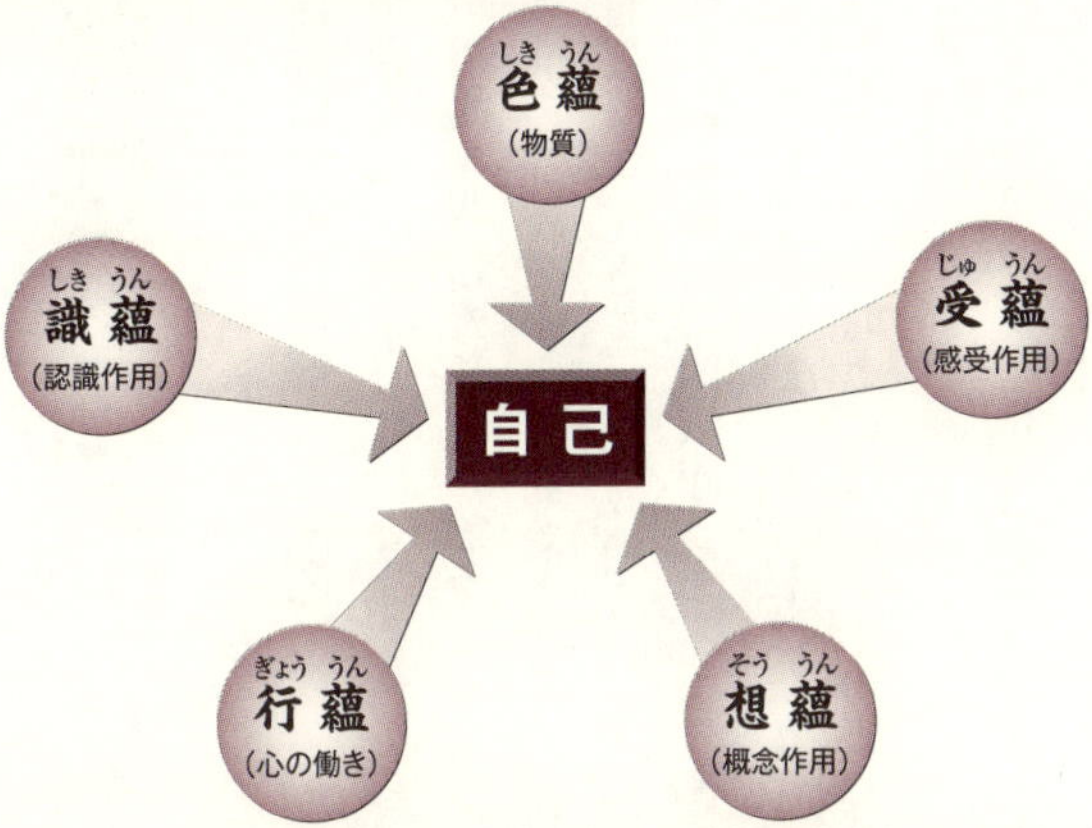

自己は、この５つの要素の関係性の上に一時的に存在しているにすぎず、不変の実体（我）をもっているわけではない。

そもそも苦は、求めても得られないから起こる。たとえば、愛《いと》しい人と会って永遠に一緒にいたいと願ったとしても、人間は永遠に生き続けるものではないから願いはかなわない。こうした求めても得られないことこそが苦の根源というわけだ。そして、苦をつくりだしているのは欲望（煩悩《ぼんのう》）をもつ人間、つまり自分自身だというのである。

欲望は際限のないもので、欲望を求め続ける限り、人は真の楽を得ることはできない。これを解決するためにはまずは何も思い通りにならないという一切皆苦の現実を知ること、そして自我欲や執着《しゅうちゃく》を捨て、正しい道や智《ち》慧《え》を求める心を起こし、悟りを開くことが大切だと仏教は教えているのである。

【諸行無常】

あらゆるものは常に変化している

●涅槃の境地へと導く三法印

「欲望をなくすように」と誰かに言っても簡単なことではない。では、欲望をなくして悟りの境地を得るためにはどうすればよいのか。

人間の根幹に居座る執着や我執《がしゅう》、自我を捨て去り、絶対の平安である涅槃に導くための重要な教えを三法印《さんぽういん》という。三法印とは諸行無常《しょぎょうむじょう》・諸法無我《しょほうむが》・涅槃静寂《ねはんじゃくじょう》のことで、一切皆苦を加えて四法印とすることもある。

ここではまず、諸行無常についてみていく。

諸行無常の諸行とは泡沫《ほうまつ》、幻のようなもので、変化しながら連続していること、無常とは不変ではない、不滅ではないということ。すなわち諸行無常は、この世に存在するすべてのものは絶えず変化しており、変わらないものはないという考え方である。

人間は毎日の生活を過ごすなかで、いまの状態がこのままいつまでも続くと錯覚しがち

仏教の三大真理「三法印」

諸行無常《しょぎょうむじょう》
あらゆる現象（諸行）は常に変化しており、変わらないものはない。

諸法無我《しょほうむが》
あらゆる事物（諸法）は他と関係しながら存在している。

涅槃寂静《ねはんじゃくじょう》
煩悩を滅した涅槃の境地は安らかである。

これに「**一切皆苦**《いっさいかいく》」を加えて「**四法印**《しほういん》」と呼ぶこともある。

になる。すると、こだわりや執着心が強まるため、何か変化が起こると動揺して苦しみが生じる。逆に、この世は無常であると認識して物事を見たり考えたりすれば、何事にも動じず、何かを失うことの苦しみから逃れられるというのである。

●すべては移り変わる

たとえば、自分の地位や名誉、財産が永遠不滅でないと考えれば、いずれは失われるものと覚悟ができる。それらに対する執着やおごりの心から離れて、謙虚な心をもてる。

時も同じである。時は刻々と移り変わる。その時の積み重ねによっていまがあると考えれば、いまを大切にして最善を尽くすことが重要だと知ることができる。

　釈迦は涅槃の境地に入るには、まずこの真理を理解するようにと説いた。弟子たちにも最後の教訓として「諸行は衰滅無常《すいめつむじょう》の法である。お前たちはわがまま勝手な振る舞いをせず目的を完遂《かんすい》せよ」と言い残している。

●帝釈天から教えられた真理

『涅槃経《ねはんぎょう》』という経典には「諸行無常、是生滅法《ぜしょうめっぽう》、生滅滅已《しょうめつめつい》、寂滅為楽《じゃくめついらく》」と説かれている。釈迦が前世に雪山で修行中、帝釈天《たいしゃくてん》（インドラ神）が羅刹《らせつ》（鬼）に化身してこの教えを説いてくれたという故事にちなみ、「雪山偈《せっせんげ》」ともいわれる。

　諸行無常の考え方は、日本でも仏教を通じて早くから浸透していたようで、『平家物《へいけもの》語《がたり》』や『いろは歌』などにも登場している。

『平家物語』の冒頭は「祇園精舎《ぎおんしょうじゃ》の鐘の声、諸行無常の響きあり」ではじまり、平家の隆盛も永遠ではないと述べている。『いろは歌』は釈迦の「雪山偈」を和文にしたものといわれており、「色はにほへど　散りぬるを（諸行無常）」「我が世誰ぞ　常ならむ（是生滅法）」と無常を歌っている。ここで言う「色」とは、すべての存在のことである。

文学作品に見る諸行無常

『平家物語』の冒頭部分

祇園精舎《ぎおんしょうじゃ》の鐘の声、
諸行無常《しょぎょうむじょう》の響きあり。
娑羅双樹《さらそうじゅ》の花の色、
盛者必衰《じょうしゃひっすい》の理《ことわり》をあらはす。
おごれる人も久しからず、唯《ただ》春の夜の夢のごとし。

作者は諸説あるが、『徒然草《つれづれぐさ》』に記す「信濃前司行長《しなののぜんじゆきなが》」説が有力。

『いろは歌』

色は匂へど　散りぬるを
我が世誰ぞ　常ならむ
有為の奥山　今日越えて
浅き夢見じ　酔ひもせず

（訳）
匂い立つような色の花も、やがては散ってしまう。
この世の誰が、不変でいられようか。
深い山のような無常の現世を今越えれば儚い夢を見たり、酔いしれたりすることもないだろう。

『涅槃経《ねはんぎょう》』の一部を意訳したものといわれる。

『涅槃経』の無常偈《むじょうげ》

諸行無常
是生滅法
生滅滅已
寂滅為楽

（訳）
諸行は無常であり
これは生滅の法である。
この生と滅を超えたところに迷いが消えた楽がある。

釈迦が前世で「雪山童子」と呼ばれる修行者だったときに、空腹の羅刹《らせつ》から食物と交換して得た教え「雪山偈《せつせんげ》」としても知られる。

【諸法無我】

すべてのものは独立した実体をもたず「自己」もない

●不滅の自我は存在するのか

釈迦在世時のインドにおいて、ほとんどすべての宗教や哲学は個人存在の中核となる我《が》（アートマン）という常住不滅の存在があり、それが輪廻転生《りんねてんしょう》の核となると考えられていた。つまり、人間が死んで肉体がなくなっても不滅の我が次の肉体に入り込んで生まれ変わりを繰り返すと考えられていたのである。

人間に我が存在するかどうかという形而上学的《けいじじょうがくてき》議論に対して、釈迦は「我を認識することや存在を証明することはできない」として沈黙を守った。このような見解は無記《むき》といわれる。ギリシア哲学で言うエポケー、思考停止である。

宇宙の果てはどこか、時間のはじまり・終わりはどこかといった問題は、いくら考えても結論を得られないから、最初から関わることなく、もっと悟りのために役立つ建設的なことを考えよ、と釈迦は主張したのである。

しかし、釈迦の態度に納得できない者もいた。マールンクヤ（魔羅迦舅）という弟子である。マールンクヤは「どうしても教えてくれ、教えてくれないならば修行をやめる」と食い下がる。そこで釈迦は、「毒矢《どくや》の喩《たと》え」を用いて彼に教えた。

●万物は自分のものではない

釈迦は「ある男が毒矢で射られたとき、その矢がどんな種類で、誰が射たのか分かるまでは矢を抜かないといえば、毒がまわって死んでしまう」と説いて聞かせる。つまり、形而上学的問題について答えがわかるまで修行しないというのであれば、修行の機会を逸《いっ》して命を終えなければならないというわけだ。

さらに釈迦は、万物は自分のものではないから（非我《ひが》）、それらへの執着や我執を捨てることで、それらから生じるさまざまな苦も消えると実践的な教えを説いた。

病気や老い、死、さらには自分の心さえもコントロールできないのに、自分のもので思いどおりにできると考えるため苦が生じる。そうした執着を捨てて超越することが大切だと説いたのである。

●不滅な実体は存在しない

先に述べたように、釈迦は我の有無に関する議論は修行や解脱《げだつ》の役に立たないから問題にすべきでないとしたが、釈迦が我について沈黙を保ったことは仏教徒に大きな宿題を残すことになった。というのは、輪廻転生の主体である我を認めなかったために、我に代わる主体を見つけなければならなくなったからである。

しかし、他の宗教や哲学では、自我があると考えられていた。そのため初期の仏教徒も、我についての形而上学的議論をもって対抗する必要が出てきた。

仏教では物質的、精神的なもののすべては、因縁《いんねん》（他との関係性）が働き合って生じており、関係が変われればそのものも変わるため、永遠に不滅な実体は存在しない、また独立して成り立つものはなく、「自己」も存在しない（無我）とした。この考え方が三法印のひとつ諸法無我である。

では、われわれが自我と考えているものは何なのだろうか。それは、五蘊が集まって相互に働き、一時的に存在しているにすぎないものと考える。いわば仮の姿で、やはり永遠に存在する自我はないとされる。それゆえ、「わたし」や「わたしのもの」という執着を捨てることが苦しみから離れる真理である、と仏教は説いたのである。

釈迦への問いと答え

釈迦の弟子の一人、マールンクヤが抱いた疑問
・この世は永遠に存在するのか、しないのか？
・この世は無限に広がっているのか、いないのか？
・霊魂と肉体とは同じものなのか、別なのか？
・人間は死後も存在し続けるのか、しないのか？

↓

これらの疑問を釈迦にぶつけるが、釈迦は答えない。

形而上学的な問いには答えない（無記《むき》）というのが、釈迦の基本的態度だった。

↓

マールンクヤ
「答えてもらえないのなら、修行をやめて還俗《げんぞく》します」
「もし答えを知らないのであれば、知らないとはっきり言うべきではないでしょうか」

↓

釈迦
「私の下で修行すればこれらについて答えると、私は約束したか？」

↓

マールンクヤ
「いいえ」

↓

釈迦
「ここに毒矢で射られた男がいるとする。医者が手当に駆けつけたとき、射られた男が手当を制して『誰が矢を射たのか？』『射た者の身分は？』『どんな矢か？』『どんな弓を使ったのか？』などと質問攻めにしていたら、毒がまわって死んでしまうだろう」
「あなたの問いは、その男の質問のようなものだ。修行の目的にかなわず、役にも立たない。だから私は答えない。私は、各人が現実に抱える苦しみを乗り越えられるようにと、問いに答え、教えを説いているのだ。この違いを理解してほしい」

↓

これを聞いたマールンクヤは釈迦の真意を理解し、すべてを受け入れた。

【涅槃寂静】

煩悩が消え智慧が完成した苦しみのない境地

●涅槃寂静こそ至上の安楽

諸行無常、諸法無我とともに三法印のひとつに数えられるのが涅槃寂静である。

涅槃とは、サンスクリット語の「吹き消された状態」を意味するニルヴァーナという言葉に漢字をあてたもので、煩悩が消え去り、知慧《ちえ》が完成することをさす。寂静とは、サンスクリット語で「静まった状態」を意味するシャーンティが語源で、穏やかで静けさに満ちていることをさす。

したがって涅槃寂静は、煩悩が消え去り、智慧が完成した静かで苦しみのない穏やかな境地、つまり悟りに至った境地を意味する。仏教の修行者が最終的に到達すべき理想の境地である。

釈迦は涅槃寂静こそが至上の安楽とし、その境地に至ると、生まれ変わりを繰り返す輪廻転生から離れることができ、苦しみに満ち満ちたこの世に生まれることは二度とないと

最高の悟りの境地

煩《ぼん》悩《のう》が消え去り

身心を悩ませ、かき乱す精神作用

智《ち》慧《え》が完成すると……

物事の道理を知り、是非や善悪をわきまえる心の働き

此《し》岸《がん》（迷いの岸）

彼《ひ》岸《がん》（悟りの岸）

涅《ね》槃《はん》寂《じゃく》静《じょう》の境地に達する

煩悩の火が消え、安らかで静けさに満ちた状態
「涅槃」はサンスクリット語「ニルヴァーナ」の音写

ふたつの涅槃

有《う》余《よ》依《い》涅《ね》槃《はん》

悟りの境地に達しても肉体が生存している状態

無《む》余《よ》依《い》涅《ね》槃《はん》

肉体も消滅し、心身の束縛から完全に離れた状態

涅槃像

アユタヤ（タイ）の涅槃像。釈迦が身を横たえ、入滅したときの姿を表している。

説いた。

●涅槃はひとつではない

もともと涅槃は、釈迦の死だけを意味していた。しかし、のちの時代に悟りの境地の意味が加わると、悟りに入っているが生存して肉体のある有余依涅槃《うよいねはん》と、死んで肉体もなくなった無余依《むよい》涅槃に分けられた。

有余依とは肉体が残っていることをさし、無余依とは肉体がない状態をさす。釈迦は三十五歳のときに有余依涅槃に入ったが、まだ肉体が残っていたため、寒暑痛痒《かんしょつうよう》や多少の飲食欲を感じた。しかし、八十歳で亡くなって無余依涅槃に入ると、完全なる精神の自由を得たという。

●煩悩が涅槃寂静を妨げる

涅槃の境地に達するためには欲望、すなわち煩悩を消し去らなければならない。煩悩とはサンスクリット語のクレーシャ（苦しむ心）の漢訳で、心身を煩《わずら》わし、悩まし、汚すものをさす。

三毒とは

貪《とん》　必要以上のものを求める欲望

瞋《しん》　怒り

痴《ち》　物事の正しい道理を知らない愚かさ

除夜の鐘

除夜の鐘を108回撞くのは108の煩悩を滅するためといわれるが、教派や宗派により数はまちまちである。

ただし、煩悩にも種類がある。貪《とん》（欲望）、瞋《しん》（怒り）、痴《ち》（愚かさ）が根本的な煩悩で、三毒と呼ばれる。

これに慢《まん》（おごり高ぶり）、疑《ぎ》（疑い）、見（誤った見解）を加えて六煩悩とし、さらに見を五つに分けて有身見《うしんけん》、辺執見《へんしゅうけん》、邪見《じゃけん》、見取見《けんじゅけん》、戒禁取見《かいごんじゅけん》とし、合わせて十大煩悩とする。こうした多くの煩悩を断ち切り、心の平静を得て、涅槃に至ることが仏教の最大の目的である。

釈迦はそのための実践的な考え方や戒律を示したが、苦行《くぎょう》による修行などの具体的方法は説かなかった。その結果、多様な教えが生じ、各宗派でそれぞれ異なる教えや修行のスタイルが生まれていったのである。

【四諦】

苦しみの原因を取り除く四つの真理

●苦しみの実態を知る

釈迦が菩提樹《ぼだいじゅ》の下で悟った内容のひとつに四諦《したい》（四聖諦《ししょうたい》）がある。釈迦がはじめて行なった説法（初転法輪《しょてんぽうりん》）でも説かれたとされる重要な教えだ。

四諦の「諦」には真理という意味があり、苦諦《くたい》・集諦《じったい》・滅諦《めったい》・道諦《どうたい》の四つの真理を合わせて四諦という。

まず苦諦は、この世は苦に満ちており、誰もが四苦八苦《しくはっく》を背負って生きていかねばならないという一切皆苦の真理を明らかにしている。釈迦は、世界の普遍的な真理を説いたのである。

では、苦はなぜ起こるのか、その原因を示したのが集諦である。

苦はさまざまな原因が集まって生じるが、釈迦は苦の原因を人間の身体的、精神的な欲望（煩悩）に求めた。それは食欲・色欲・睡眠欲などの本能的欲求と、名誉欲・財欲など

4つの真理・四諦

1 苦《く》諦《たい》

この世は苦に満ちている
という一切皆苦《いっさいかいく》の真理

世界はどのような状況なのか

2 集《じっ》諦《たい》

苦の原因は、身体的、精神的なさまざまな欲望（渇愛《かつあい》）にあるという真理

苦の原因は何か

3 滅《めっ》諦《たい》

苦の原因を断つことで、苦しみを滅した悟りの境地（涅《ね》槃寂静《はんじゃくじょう》）に至るという真理

どのような方針で苦に対処すべきか

4 道《どう》諦《たい》

悟りの境地に達するための方法として八正道《はっしょうどう》があるという真理

具体的にどのような方法があるか

釈迦は成道後の最初の説法（初転法輪）でこれらの真理を説いた。

の社会的欲求に分けられる。社会的欲求については、この世に存在するものが無常であることをしらないために起こるのだという。

こうした欲望を渇愛《かつあい》という。喉が渇いたときに水が飲みたくなるような激しい欲求のことで、欲愛《よくあい》・有愛《うあい》・無有愛《むうあい》の三種があるといわれている。

●苦の原因を断つ方法とは

ここまでに、この世は苦に満ちており、苦しみには原因があるということがわかった。滅諦は、その原因を取り除くことができれば、苦もまた取り除くことができるという心理である。苦の原因である渇愛を断つことで、苦しみを滅した悟りの境地、すなわち涅槃に到達できるという真理である。

では、どうすれば渇愛を断つことができるのか。

その方法を示したのが道諦である。具体的には、八正道《はっしょうどう》という修行の実践だ。八正道については後述するが、八正道をひと言で説明すると、快楽と苦行を退けた中道《ちゅうどう》の実践を具体的に示した八つの正しい修行方法のことである。

渇愛の種類

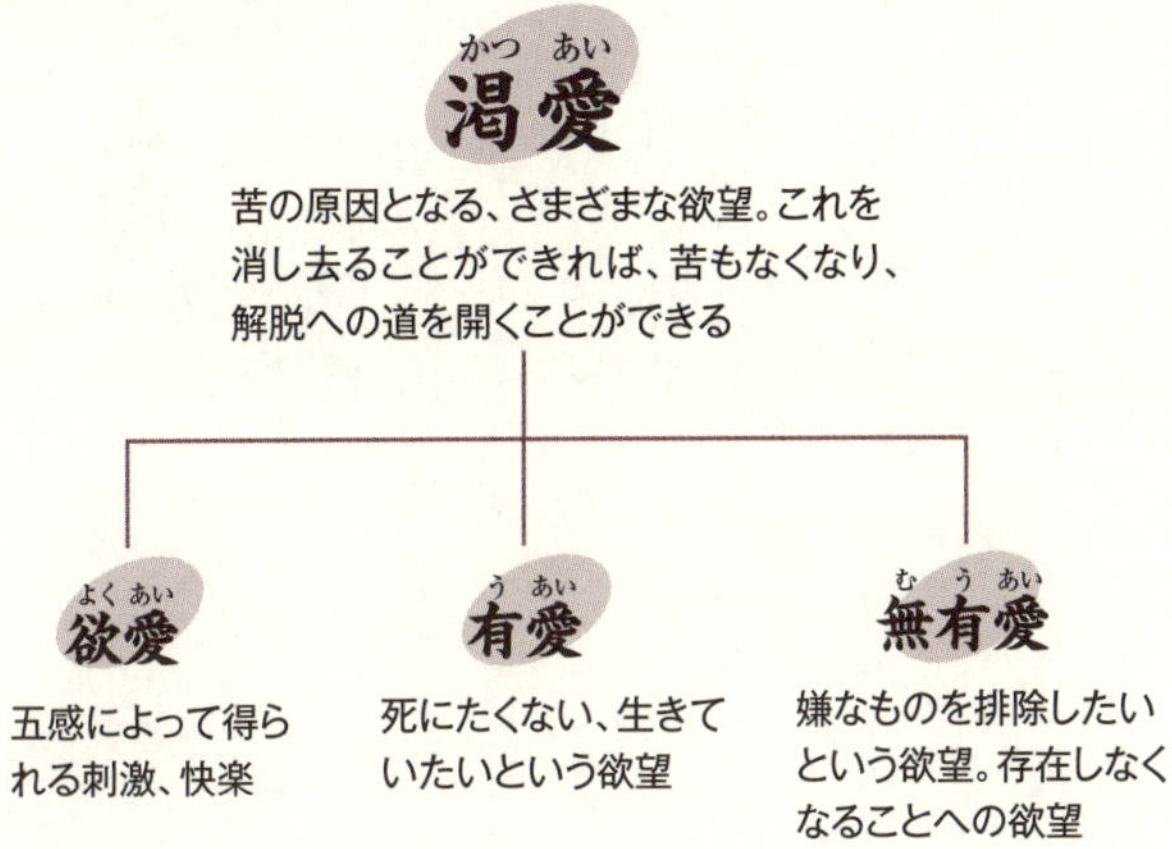
渇愛《かつあい》
苦の原因となる、さまざまな欲望。これを消し去ることができれば、苦もなくなり、解脱への道を開くことができる
欲愛《よくあい》
五感によって得られる刺激、快楽
有愛《うあい》
死にたくない、生きていたいという欲望
無有愛《むうあい》
嫌なものを排除したいという欲望。存在しなくなることへの欲望

●釈迦は名医のなかの名医

このように、四諦は苦悩の実態を明らかにしたうえで、それを取り除く方向へ導く真理となっている。

興味深いのは、この教えが病気を治療する方法によく似ていることである。

病気の状態を知り（苦諦）、病因を知り（集諦）、病気が完治した健康な状態を想定して治療法を探り（滅諦）、実際に投薬などの治療を行なう（道諦）。まさに医者の治療である。ここから釈迦は、「医王《いおう》」すなわち名医の中の名医とも呼ばれた。

また、「医王」とは薬師如来の異名でもあり、日本各地に医王寺と号する寺院が建立されている。

【八正道】

悟りに至るための八つの方法

●悟りに至る八つの道

四諦では、苦しみの実態や原因を明らかにし、その対処法として道諦が示された。この道諦の具体的な実践方法が、八正道と呼ばれる八つの修行方法である。四諦とともに、四諦八正道としてまとめられることもある。

八つの修行とは正見《しょうけん》・正思惟《しょうしゆい》・正語《しょうご》・正業《しょうごう》・正命《しょうみょう》・正精進《しょうしょうじん》・正念《しょうねん》・正定《しょうじょう》のことで、釈迦が創案したのではなく、過去の仏が創案したものを再発見したとされる。

●八つの修行の内容とは

正見は正しいものの見方のことで、苦しみの原因を取り除けば苦を克服できるという真理を見極める見方・考え方をもつこと。

正思惟は正見にもとづいて正しく考え、判断すること。

法輪

チベット・ラサの寺院に掲げられている法輪。法輪は八正道のシンボル。８本のスポークが八正道を示すといわれている。

正語は正見にもとづいて正しい言葉を語ること。嘘や悪口を言ってはいけない。

正業は正見にもとづいて正しい行ないをすること。殺生《せっしょう》や盗み、姦淫《かんいん》をしてはいけない。仏教では行為を業《ごう》という。行動だけでなく言葉と心の働きも行為に含まれる。

正命は正見にもとづいて正しい生活を送ること。日々を善につとめ、規則正しい生活を送る。心・体・言葉が正しく行なわれていれば、生活も自然に正されるはずである。

正精進は正見にもとづいて正しい努力をすること。

正念は正精進にもとづいて正しい教えを常に心に思い、理想を忘れないこと。信仰にもとづく生活を送るためには、信仰を常に心にとどめ、いかなるときもそれに応じた考えや行動をとらなければならない。

正定は正見に基いて正しい集中力をもち、正しい瞑想《めいそう》をすること。禅定《ぜんじょう》（瞑想）のことをさすが、現代では称名念仏《しょうみょうねんぶつ》（南無阿弥陀仏《なむあみだぶつ》」の念仏《ねんぶつ》をとなえること）や唱題《しょうだい》（「南《な》無《む》妙法蓮華経《みょうほうれんげきょう》」の題目《だいもく》をとなえること）などもこれに含まれる。

●真理に目覚め煩悩から離れる

これら八つの修行はそれぞれ独立しているようにみえるが、別個のものではなく有機的に結びつき一体をなしている。そしてそれは、苦の直接的な原因は渇愛にあるが、渇愛を取り除くためには心身ともに健全な状態で正しい信仰生活を送らなければならないという考えにもとづく。

すなわち、常に信仰を忘れず勇気をもって努力して身口意《しんくい》の三業《さんごう》、つまり身体（身）、言葉（口）、心（意）の三つによる行為（三業）において、常に正しい生活を送ることで縁起《えんぎ》などの真理を悟り、智慧をもつことが可能になる。これにより、煩悩から離れて苦しみの原因が取り除かれると釈迦は説いたのである。

八正道とは

四諦

苦諦　集諦　滅諦　道諦

具体的な実践方法

八正道

① 正見《しょうけん》	正しいものの見方・考え方をもつ。
② 正思惟《しょうしゆい》	正見にもとづいて正しく考え、判断する。
③ 正語《しょうご》	正見にもとづいて正しい言葉を語る。嘘や悪口を言わない。
④ 正業《しょうごう》	正見にもとづいて正しい行ないをする。殺生や盗み、姦淫をしない。
⑤ 正命《しょうみょう》	正見にもとづいて正しい生活を送る。道徳に反する手段で生計を立てない。
⑥ 正精進《しょうしょうじん》	正見にもとづいて正しい努力をする。
⑦ 正念《しょうねん》	正しい教えを常に心に思い、理想を忘れない。自分の内外に常に注意を向ける。
⑧ 正定《しょうじょう》	正見にもとづいて正しい集中力をもち、正しい瞑想をする。

【三学】

仏教修行者が日々実践する「戒・定・慧」

●戒を守って心身を健全な状態に

八正道をもとに、仏教の修行者が行なうべき修行方法をより具体的にまとめたのが三学《さんがく》である。

三学は戒《かい》・定《じょう》・慧《え》の三つからなり、それらを実践し成就することによって、修行者は煩悩から解き放たれ、悟りを得られると考えられている。

戒は仏教徒が守るべき決まりを意味し、八正道の正語・正業・正命・正精進が戒に相当する。ただし、在家信者《ざいけしんじゃ》（優婆塞《うばそく》、優婆夷《うばい》）の戒と出家者の戒は同じではない。

在家信者が守るべきは五戒《ごかい》と八斎戒《はちさいかい》。五戒とは盗み、ムダな殺生、虚言《きょげん》、邪淫《じゃいん》、飲酒を禁じるもので、八斎戒は特定の日に守るものだ。

一方、出家者の戒は比丘《びく》（男性の出家者）の二五〇戒や比丘尼《びくに》（女性の出家者、尼僧）の三四八戒、さらに成年前の出家者である沙弥《しゃみ》・沙弥尼《しゃみに》の十戒などがある。

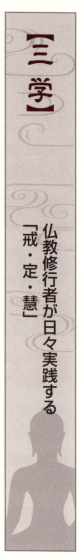

八正道と三学の関係

八正道

1 正見《しょうけん》
2 正思惟《しょうしゆい》
3 正語《しょうご》
4 正業《しょうごう》
5 正命《しょうみょう》
6 正精進《しょうしょうじん》
7 正念《しょうねん》
8 正定《しょうじょう》

三学

定《じょう》（精神統一を行なうこと）……1・2
戒《かい》（決まりを守ること）……3〜6
慧《え》（正しい智慧を身に付けること）……7・8

三学が完成すると、悟りへの道が開ける。

なお、中国や日本の仏教では「戒律《かいりつ》」という言葉を使うが、本来、戒と律は区別されるべきものである。本来の意味での戒とは自発的に達成すべき目標のことで、違反しても罰則はない。これに対し、律とは出家者だけが守るべき教団の規則のことで、違反すると罰則が課される。

●心を静寂にし、正しい智慧を身につける

戒を守って心身が健全な状態になると、次の段階の定に進むことができる。

定は坐禅《ざぜん》などで精神を統一すること。八正道の正定・正念に相当し、これにより雑念を払い、心を安寧《あんねい》に保つ。

定の基本である四禅定は初禅《しょぜん》、第二禅、第

三禅、第四禅という四段階に分かれている。初禅では苦の正体を知り、安楽を感じることができる。

第二禅、第三禅では苦を感じることがなくなる。喜びは感じるが、それも当たり前のこととなっていく。第四禅では一切の楽苦喜憂《らくくきゆう》を捨てた不苦不楽《ふくふらく》の状態となる。つまり、苦や楽に左右されない穏やかでニュートラルな境地である。

定により心が清浄になると、正しい智慧を身につける慧の段階へと進む。慧は八正道の正見・正思惟に相当する。

自分の過去生《かこぜ》を知り、全存在の本質を理解し、本率には煩悩も苦もないことを理解する。これによって智慧が完成し、輪廻転生から解脱《げだつ》する、すなわち悟りを得ることができるのである。

このように三学が成就すると、修行者は苦しみのない状態に至る。原始仏教の時代から現在に至るまで、これが仏教の修行者にとって欠かすことのできない基本の修行となっている。

ただし、「南無阿弥陀仏」の念仏をとなえれば極楽往生できると説く浄土真宗《じょうどしんしゅう》は戒律にとらわれないない宗派であるため「無戒《むかい》」といわれ、仏教宗派としては例外である。

戒の種類

不殺生《ふせっしょう》
生き物を殺してはならない

不偸盗《ふちゅうとう》
盗みをしてはならない

不邪淫《ふじゃいん》
色欲におぼれてはならない

不妄語《ふもうご》
嘘をついてはならない

不飲酒《ふおんじゅ》
酒を飲んではならない

不坐高広大牀《ふざこうこうだいしょう》
贅沢な寝具を使ってはならない

不歌舞観聴《ふかぶかんちょう》
歌や踊りを楽しんではならない

不香油塗身《ふこうゆずしん》
身を飾り立ててはならない

不非時食《ふひじじき》
決められた以外の時間に食事をしてはならない

不蓄金銀宝《ふちくこんごんほう》
財産を蓄えてはならない

比丘《びく》 250戒

比丘尼《びくに》 348戒

五戒《ごかい》（在家信者が常に守るべき戒）：不殺生〜不飲酒

八斎戒《はちさいかい》（在家信者が特定の日に守るべき戒）：不殺生〜不香油塗身

十戒《じっかい》：不殺生〜不蓄金銀宝

在家信者の戒：不殺生〜不香油塗身

出家者の戒（具足戒《ぐそくかい》）：不非時食〜比丘尼

【六波羅蜜】

在家でも日常生活を送りながら実践できる六つの修行

●八正道や三学を敷衍した六波羅蜜

六波羅蜜《ろくはらみつ》の「波羅蜜」とは、サンスクリット語でパーラミターといい、「修行」を意味する。大乗仏教における在家信徒の修行項目で、布施《ふせ》・持戒《じかい》・忍辱《にんにく》・精進《しょうじん》・禅定《ぜんじょう》・智慧《ちえ》の六つの項目からなる。

先に述べたように、仏教には八正道や三学（戒定慧）という悟りに至る実践方法があり、それらは早い時期から説かれていた。八正道は正見・正思・正語・正業・正命・正精進・正念・正定の八項目からなる。三学の戒は戒律、定は禅定で、戒律を守り心を常に集中して落ち着かせることによって、悟りの智慧を獲得することができるという。

この八正道や三学をおし広げ、大乗仏教の時代につくられたのが六波羅蜜である。では、六波羅蜜を構成する布施・持戒・忍辱・精進・禅定・智慧の六項目は具体的にどのようなものなのだろうか。

●永遠に平和で幸せに過ごすための修行

大乗仏教は在家主義であるため、六波羅蜜も普通の生活をしながら実践できる項目になっている。

まず布施は物惜《ものおし》みせずに施《ほどこ》すこと。誰でもできる項目からはじめるのが在家の修行としての特色をよく表しているといえるだろう。

持戒は不殺生《ふせっしょう》・不妄語《ふもうご》・不偸盗《ふちゅうとう》・不飲酒《ふおんじゅ》・不邪淫《ふじゃいん》という在家信徒の五つの戒律（五戒）を護ること。忍辱はいわれのない非難や迫害を受けてもジッと耐えること。簡単に言えば、他人から何を言われても腹を立てないことだ。

禅定は坐禅《ざぜん》のこと。禅は迷いを断ち、心の動揺を鎮めて仏教の説く真実を体得することを意味し、定はある対象に心を集中して心の乱れのない状態を示す。

精進は布施・持戒・忍辱・禅定の四つの実践をゆるまなく行なうよう努力すること。日々、精進を積むことによって仏の悟りの智慧を得ることができる、つまり、釈迦と同じ悟りの境地に至ることができるのである。

そして、悟りの境地に至れば永遠に平和で幸せに過ごすことができるというのが仏教の根本の教えである。

【縁起】

「因」と「縁」が互いに関係して生じたり滅したり

●縁起は四諦と並ぶ基本の教え

四諦と並ぶ仏教の根本原理が因縁生起《いんねんしょうき》、略して縁起《えんぎ》の教えである。この世のすべてのものは直接的な原因の「因」と、間接的な条件の「縁」が互いに関係しあって、生じたり滅したりするという真理である。

この世のすべてのものは因（直接的な原因）に何らかの縁（間接的な条件）が加わった結果として存在しており、単独で存在している人やモノはありえない。原因に条件が加われば、そこから生じる結果も変わる。これについては、植物を例にして考えるとわかりやすい。

花は種という原因があり、そこに水や光などの条件が加わって成長し、花を開かせる。花の種の種類や諸々の条件が少しでも異なれば、決して同じ花は咲かず、種類が違ったり、大きさが違うなど異なる花が咲くことになる。

縁起とは

この世のすべてのものは何かを縁にして他と関わりながら生まれ、存在し、消えていく。

因 × 縁 → 生起

直接的な原因　間接的な条件　結果

生起したものは新たな因となるとともに、縁として周囲に作用することにもなる。

●生老病死の原因を知り解脱に至る

そもそも、この縁起の教えは釈迦が菩提樹《ぼだいじゅ》の下で悟った内容のひとつとされている。それがやがて整理されて十二縁起の考え方が生み出された。

十二縁起とは苦の根本原因へたどりつく十二の段階のこと。具体的には無明《むみょう》・行《ぎょう》・識《しき》・名色《みょうしき》・六処《ろくしょ》・触《そく》・受《じゅ》・愛《あい》・取《しゅ》・有《う》・生《しょう》・老《ろう》死《し》である。

無明は真理を知らないこと、根本的な無知を意味する。

行は（誤った）行為、識は（誤った）認識を意味する。

名色は色・声・香・味・触・法の認識対象

で、六処は感覚器官、触は感覚器官に対象が触れることである。

受は苦楽などの感受作用。

愛は渇愛。

取は執着。

有は生存・存在。

生は生まれること。

老死は老いて死ぬこと。

無明から間違った行為である行が生じ、行から間違った知識である識が生じ……と、前のものが一段階ずつ後のものを生じさせていき、最後に老死という苦があると考える方法を順観《じゅんかん》という。

一方、老死がなければ生もなく、生がなければ有もなく、有がなければ取もなく……と老死の原因をたどっていき、根本原因の無明を突き止める方法を逆観《ぎゃっかん》という。

つまり、順観では老死という苦しみは無明から生じたことがわかり、逆観では無明を滅することで生死などの苦がなくなることがわかるのである。

十二縁起

① 無明《むみょう》
真理を知らないこと。愚痴。

② 行《ぎょう》
行為。

③ 識《しき》
認識作用。

④ 名色《みょうしき》
認識対象。

⑤ 六処《ろくしょ》
6つの感覚器官（眼根・耳根・鼻根・舌根・身根・意根）。

⑥ 触《そく》
感覚器官に対象が触れること。

⑦ 受《じゅ》
感受作用。

⑧ 愛《あい》
激しい渇望、あるいは欲求。

⑨ 取《しゅ》
執着。

⑩ 有《う》
生存・存在。

⑪ 生《しょう》
生まれること。

⑫ 老死《ろうし》
老い、死ぬこと。

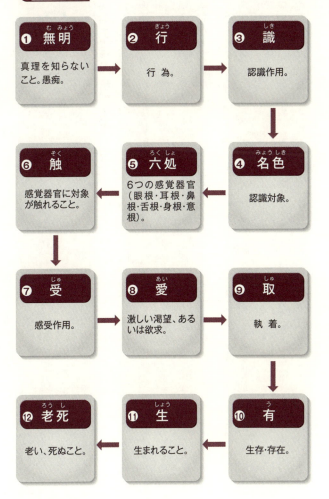

【中道】
快楽主義でも苦行主義でもない生き方

●快楽主義でも苦行主義でもない

釈迦は最初の説法のとき、悟りを得るために必要な智慧は快楽主義や苦行主義のような両極端（二辺）から離れた偏《かたよ》りのない生き方、すなわち中道《ちゅうどう》によって得られると説いた。

当時のインドでは因果を否定して快楽主義をとなえる思想家プーラナ・カーシャパや、死に至る苦行の実践を説くジャイナ教など、悟りへの道として快楽か苦行のどちらかをとる傾向がみられた。釈迦はその考え方を否定し、中道をとったのである。

また、中道とは起点を設けないということでもある。たとえば欧米人は、日本を極東（ファー・イースト）、つまり東の外《はず》れと呼んで嘲笑するが、そもそも地球は円形なので、日本から見ればイギリスあたりが極東になる。

つまり、起点を定めてモノの優劣を問うことは愚かなこと。釈迦はもっと物事の本質を捉えるべきだと説いたのである。この中道の教えは、仏教のさまざまな教えのなかでもっともオリジナリティの強い思想ともいうことができるだろう。

●実体験にもとづく釈迦の主張

釈迦が中道を説いた背景には、みずからの実体験があった。

釈迦は幼少時は王子として育てられ、快楽を享受していた。しかし、釈迦が快楽に浸りきることはなく、快楽があらゆる煩悩を引き起こす原因になることに気づく。

その後、何不自由のない生活を捨てて出家した釈迦は、出家修行者の基本ともいえる苦行生活に入った。しかし、苦行では苦しみに耐える力を身につけたり、心を強くすることはできても、苦しみや迷いはなくならなかった。

苦しみや迷いの連鎖を断ち切る智慧を生み出すためにはどうすればいいのか――ここで釈迦は、智慧は快楽でも苦行でもなく、どちらにも偏らない中道によって得られるという結論に至ったのだ。

●偏らない調和のとれた考え方が重要

そもそも中道とは、二極の真ん中という意味ではない。両極端なものの見方から離れて、バランスのとれた偏らない生き方や考え方をみることを意味する。

そのたとえとして釈迦は、ヴィーナという楽器が上手な弟子のソーナに対して次のように語っている。

「弦《げん》を締《し》めすぎても緩《ゆる》めすぎても、よい音色は出ません。調和のとれた締め方をすると、よい音が出ます。修行もそのような中道を心がけなさい」と。

これは糸がピンと張ったような苦にも、糸が緩んだ楽にも偏らない調和のとれた姿が理想ということである。

つまり適正な戒律によって身を処し、真理を観察、考察して禅定《ぜんじょう》に励むこと。それを具体的に示したのが八正道で、のちの時代には三学の修行法が説かれた。三学の実践こそが中道を歩む道ということである。

なお、釈迦は悟りの方法だけではなく、現世《げんせ》と来世《らいせ》の考えについても中道の立場をとっている。当時は死後には何も残らない、現世と来世は断絶するという考え方（断見《だんけん》）と、苦がなくなるまで輪廻を繰り返す、現世と来世は連続するという考え方（常見《じょうけん》）があった。

釈迦はそれらを二辺としてしりぞけた。そして、こうした形而上学的議論に対して沈黙を貫いたのである。

中道と二辺

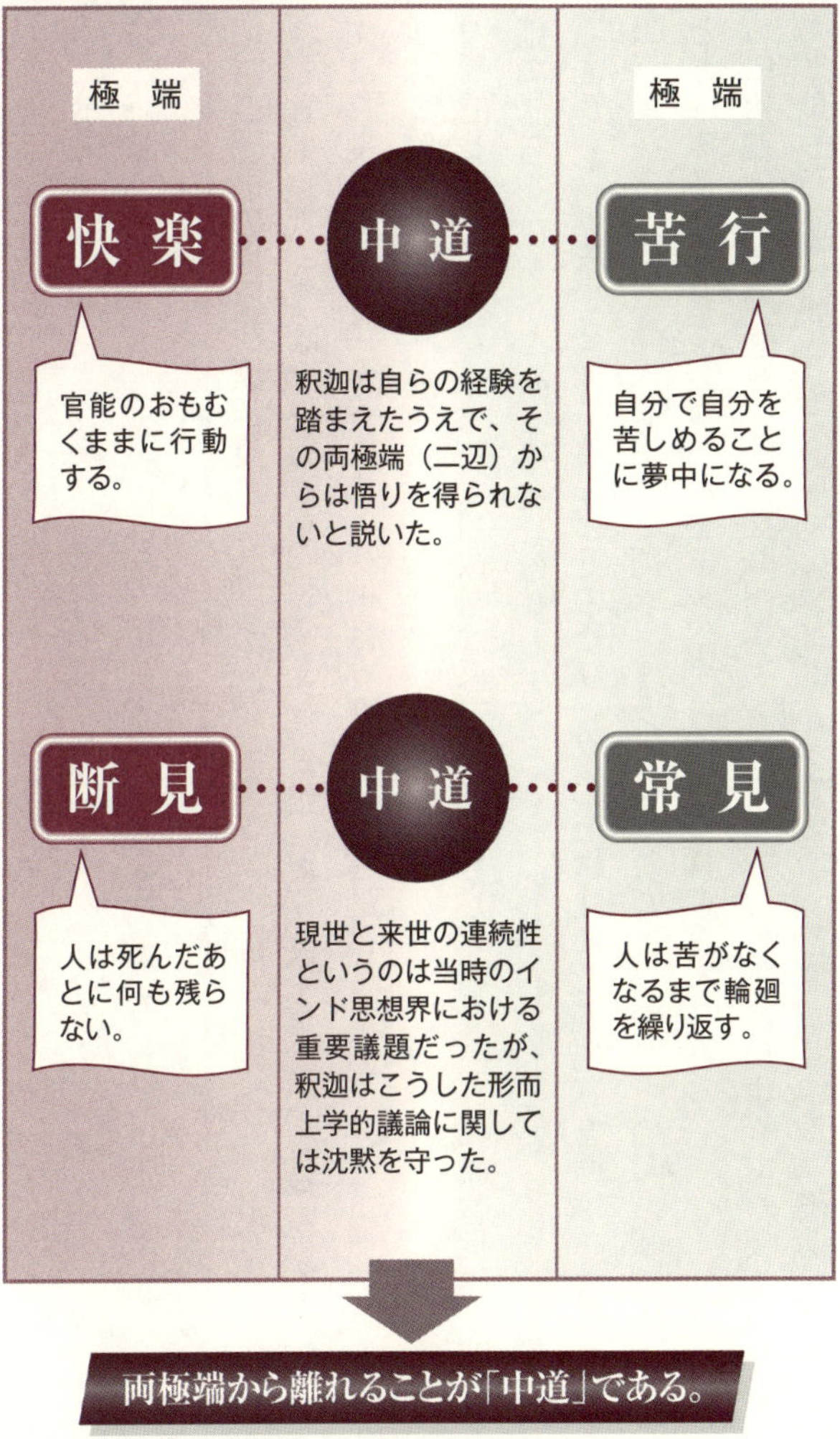

極端
快楽
官能のおもむくままに行動する。
中道
釈迦は自らの経験を踏まえたうえで、その両極端（二辺）からは悟りを得られないと説いた。
極端
苦行
自分で自分を苦しめることに夢中になる。
断見
人は死んだあとに何も残らない。
中道
現世と来世の連続性というのは当時のインド思想界における重要議題だったが、釈迦はこうした形而上学的議論に関しては沈黙を守った。
常見
人は苦がなくなるまで輪廻を繰り返す。
両極端から離れることが「中道」である。

【輪廻】

生前の業により人間は「六道」のいずれかに転生する

●業により死後の世界が決まる

生きとし生けるものは、車輪がまわるように生死を繰り返す——この輪廻転生（輪廻）の思想は釈迦以前の時代から古代インドに存在した。輪廻はサンスクリット語のサンサーラの訳で、流転《るてん》を意味する。

この輪廻という考え方について、釈迦は否定も肯定もしていない。死後の世界に関しては明確に語らなかったため、経典には無記《むき》と記されている。しかし伝記には、釈迦自身、遠い過去から輪廻転生を繰り返し、そのたびに自己を犠牲にして他者を助け、善行を積んだ結果、最後の人生で偉大な悟りを開き、ブッダになれたと書かれている。釈迦の肉声に近いとされる初期経典にも輪廻転生を容認するような言葉がみられる。

さらに釈迦は、初期経典『スッタニパータ』のなかで「生まれによってバラモンやいやしい人になるわけではない。カルマ（業《ごう》）によってなる」と説いている。現世での行ない

三界と六道

無色界《むしきかい》
欲望も物質的制約も超克した、精神のみを有するものの世界。
色界《しきかい》
欲望は超克したが、なお物質的制約を受けている世界。
欲界《よくかい》
欲望にとらわれた世界。ここに「六道」の世界が広がる。

や精進《しょうじん》しだいで偉くも卑《いや》しくもなる。悟りを開くことができるという真理を説いたのである。

業とは行為、行ないのこと。行為はのちに必ず何らかの結果を生む。その意味で、業は結果を生み出す潜在力でもある。

しかし釈迦の入滅後、仏教界では民衆に根づいていた輪廻転生の思想を無視できなくなる。特に「現世で功徳《くどく》を積むことでよりよい後生を得られる」という考え方は、布教の際に効果的であるため、仏教でもその思想を取り入れるようになった。

●六道輪廻からの解脱を目指す

仏教の輪廻思想では、生きとし生けるものは死後、業によって善悪を判断され、三界《さんかい》あるいは六《りく》道《どう》を生まれ変わり死に変わりする。

三界は欲望も物質的制約も超克《ちょうこく》した精神のみを有するものの世界である無色界、欲望は超克したが、なお物質的制約を受けている色界、欲望にとらわれた欲界からなる。そのうち欲界に六道が存在する。

六道は天道《てんどう》・人間道《にんげんどう》・阿修羅道《あしゅらどう》・畜生道《ちくしょうどう》・餓鬼道《がきどう》・地獄道《じごくどう》からなる。悪業を積んだ者が落ちるのが地獄道で、地下深くで責め苦を受け続ける。餓鬼道は嫉妬《しっと》した人などが落ち、飢えと渇きに苦しむ。畜生道は人間以外の動物に生まれ、弱肉強食の世界を生きる。怒りに満ち、争いの絶えないのが阿修羅道。人道は人間が住む世界で、生老病死など四苦八苦を負うが、唯一悟りを得て輪廻から脱する希望が開かれた道でもある。天人《てんにん》が住む天道は人より悩みは少ないが、やはり永遠ではない。

六道のうち天道、人間道、阿修羅道は善業によって送られる三善道、畜生道、餓鬼道、地獄道は悪行によって送られる三悪道とされる。ただし、結局は六道すべて苦しみの世界であることに変わりはない。悟りを得ることにより、六道に生まれ変わり死に変わりする輪廻から解脱し、あらゆる苦から離れられるのである。

こうして、六道輪廻の迷いの道から離れ、涅槃の境地に達することが仏教の教えの最終目標になったのである。

六道輪廻

死んだ者は、生前の行ないに応じて六道のいずれかに行き先が決まり、転生する。

六道から解脱することで終わりのない苦しみから解き放たれる。

こらむ

〈祇園精舎の鐘の音〉

昔の梵鐘は「ゴ～ン、ゴ～ン」ではなく「コン、コン」と鳴っていた

仏教はインドから各地に伝わって以降、さまざまな形に変化した。梵鐘《ぼんしょう》もそのひとつである。

釈迦《しゃか》が説法を行なったことで知られるインドの祇園《ぎおん》精舎《しょうじゃ》では、僧侶を集める際に鐘を鳴らして合図していた。ただし、古代インドに青銅は普及しておらず、鐘は木でつくられていたため、鐘の音は現在の寺院で鳴り響く「ゴ～ン、ゴ～ン」という音よりは「コン、コン」という木魚《もくぎょ》の音に近かった。

その鐘の音が変わったのは、仏教が中国に伝わってからである。中国では祭事に青銅製の祭具を用いる習慣があったため、寺院の鐘も木製から青銅製へ置き換えられ、大きな法要のときなどに打ち鳴らされた。

それがやがて日本にも伝播《でんぱ》すると、独自の形に整えられ、寺院のシンボル的な存在とみなされるようになったのである。

なお、梵鐘の「梵」の字は神聖なという意味。神聖な音を出すのが梵鐘なのである。

第三章　釈迦亡き後の仏教

【教団の分裂】

釈迦の教えの解釈が分かれ20の部派に

●結集で釈迦の教えを体系化

釈迦《しゃか》は眼前の相手の能力や性格に応じて教え方を変えていた。そのため、教えの内容を聞き間違えたり、たとえ話を曲解したりする人も少なからずいた。

そこで釈迦の後継者とされるマハーカーシャパ（大迦葉《だいかしょう》）をはじめとする弟子たちは、マガダ国のラージャグリハ郊外に集まり、釈迦の言葉をまとめる編集会議を開く。これを結集《けつじゅう》といい、釈迦の入滅《にゅうめつ》から三カ月後に行なわれた最初の結集を第一結集という。

第一結集では常に釈迦に従っていたアーナンダ（阿難《あなん》）が教えを、ウパーリ（優波離《うばり》）が戒律《かいりつ》を語り、それを一同で確認。釈迦の教えである経《きょう》、教団の規則である律《りつ》ができ上がった。その後、経と律の注釈や仏教の教理・思想を扱った論《ろん》ができると、経・律・論の三《さん》蔵《ぞう》が成立。こうして仏教教団が拠りどころとする経典が整備されたのである。

その後、仏教教団の勢力は拡大したが、釈迦の入滅から一〇〇年ほど経った頃、戒律の

釈迦入滅後に分裂した教団

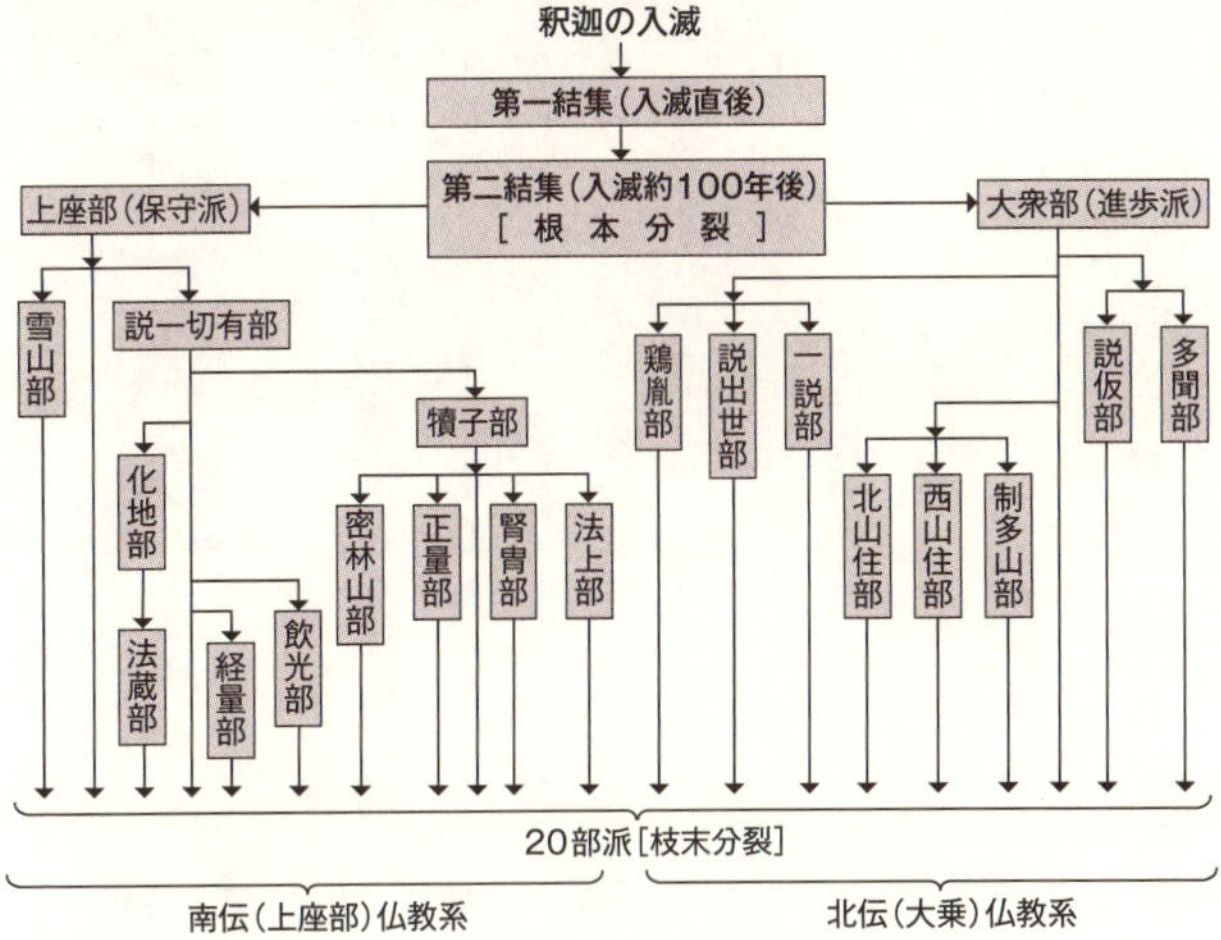

解釈や見解の違いが生じはじめ、ヴァイシャリーで第二結集が行なわれた。

第二結集の結果、すべての戒律違反は非法とされると、その裁定を不服とした弟子たちは大衆部《たいしゅぶ》という分派をつくる。それにより教団は、戒律を厳格に守る保守的な上座部《じょうざぶ》と戒律の緩和を求める革新的な大衆部とに分裂してしまう。いわゆる根本《こんぽん》分裂である。

その後も分裂は続き、紀元前一〇〇年頃までに大衆部は九部派、上座部は十一部派に分かれた。これを枝末《しまつ》分裂という。

そして上座部は主に東南アジア諸国に伝えられ、小乗《しょうじょう》仏教（上座部仏教）として発展。一方、大衆部は大乗《だいじょう》仏教の元となり、主に中国や朝鮮半島を経由して日本に伝えられた。

【インド仏教】
仏教を手厚く保護したアショーカ王

●残酷な性格の王が後悔して仏教に帰依

釈迦入滅直後の仏教教団は、中インドを中心とする地方教団にすぎなかったが、まもなく西や南へ伝来し、教線《きょうせん》を広げていった。しかし、ガンジス川の西方はバラモン教の牙《が》城《じょう》のような地域だったため、なかなか伝播《でんぱ》していかない。

この牙城を打ち破り、仏教をアジア諸国に広める道を切り開いたのが、マガダ国マウリヤ朝第三代のアショーカ王だ。

アショーカ王は紀元前三世紀にインドをほぼ統一した王。もともとは残酷な性格の王だったが、戦いのなかで多くの犠牲者を出したことを悔《く》い、仏教に帰依《きえ》してその教えにもとづく政治を行なうことを決意する。そして領内の石柱や岩石に、その旨《むね》を刻んで国民に仏教の理想を広く周知した。

また政治を国民への報恩《ほうおん》と考え、病院や井戸などをつくったり、薬草を栽培するなどさまざまな福祉事業を実施した。さらに領内におよそ三〇〇もの仏塔を建て、ブッダガヤーやルンビニーなどの聖地を整備した。

外国への布教活動も見逃せない。アショーカ王はエジプトやマケドニアなどへ仏教使節を派遣したほか、出家《しゅっけ》したマヒンダ王子をスリランカに送って仏教を伝えさせている。

マウリヤ朝の版図

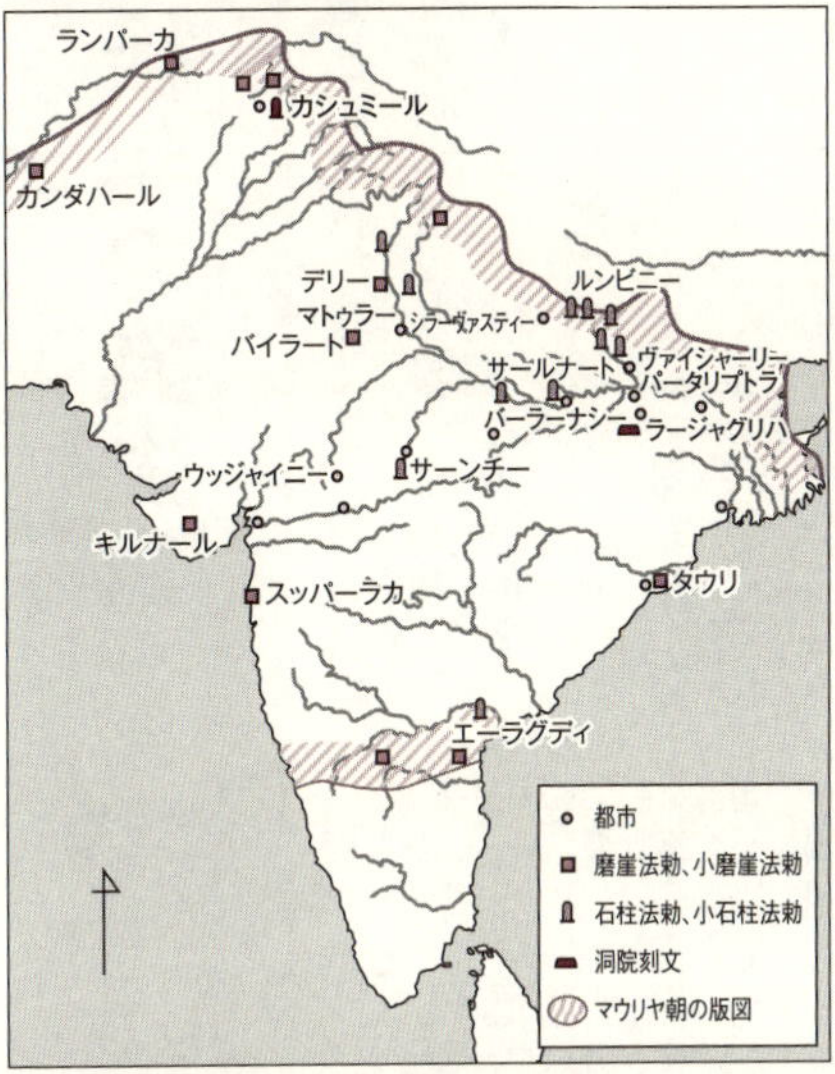

戦争の反省から仏教に帰依したアショーカ王は、仏法の理想を領内各地の石柱や石壁に刻ませ、広く知らしめた。

王子は仏舎利《ぶっしゃり》のなかでも特に尊いとされる仏歯《ぶっし》（釈迦の歯）を携えてセイロン島（スリランカ）に渡り、それを王に授与。王は仏歯を祀《まつ》る仏歯寺を創建した。

これほど仏教を手厚く保護し、布教に努めたアショーカ王だが、仏教教団に莫大《ばくだい》な寄進《きしん》をしようとしたところ反対する王子などに幽閉《ゆうへい》されてそのまま亡くなったといわれている。

【経典の誕生】

釈迦の教えの広がりを支えた文字による記録

●書き記された教えが求められた

仏教の経典（仏典）は「八万四千《はちまんしせん》の法門《ほうもん》」と呼ばれるほど膨大にある。

古来インドには聖人の言葉を文字にしない慣習があり、釈迦の教えはあえて口伝《くでん》で伝承された。釈迦の入滅後に行なわれた結集でも暗誦《あんじゅ》によって伝承されている。しかしより多くの人々に教えを広めるため、正しい教えを伝えるため、文字を使って書き記したものが求められ、多くの経典がつくられるようになったのである。

経典の成立時期は定かではないが、釈迦が入滅後の二〇〇年後のアショーカ王の時代にはすでに文字に書かれた経典が成立していたといわれている。

経典には作者や制作年代が記されない。

「このように私は聞いた」という出だしではじまり、「あるとき」「釈迦が」「どこそこで」「どういう人々と」という六つの約束事をふまえて展開していく。この六つの約束事を六《ろく》

初期の仏教経典

ニカーヤ	アーガマ
（パーリ語による南伝大蔵経）	（サンスクリット語から漢訳された北伝大蔵経）
ディーガ・ニカーヤ（長部） 長編経典34経	長阿含経30経
マッジマ・ニカーヤ（中部） 中編経典152経	中阿含経222経
サンユッタ・ニカーヤ（相応部） 小・中編経典2872経	雑阿含経1362経
アングッタラ・ニカーヤ（増支部） 四諦八正道を法数で分類した 経典約2308経	増一阿含経471経
クッダカ・ニカーヤ（小部） ダンマパダ、ジャータカ、 スッタニパータなどの15経	法句経、本生譚、経集などの15経

事成就《じじょうじゅ》という。

釈迦は十数の言語を理解したというが、主にマガダ語を使っていたとされる。そのマガダ語による経典は残されていないが、サンスクリット語とパーリ語に訳されていまに伝えられている。

サンスクリット語の経典は西域を経て中国で漢訳された。

一方、パーリ語の経典はスリランカ、さらに東南アジアに広まった。

現存する経典で最も古く、初期仏教の教えを伝えるのは「アーガマ」（阿含経《あごんきょう》）である。また、「スッタニパータ」や「ダンマパダ」は釈迦の肉声に近い言葉を伝えるものと考えられている。

【仏像の誕生】

釈迦の姿を具象化することへの試み

●ガンダーラとマトゥラーで仏像が誕生

初期仏教の時代には、経典だけでなく仏像もなかった。釈迦の姿を造形することは恐れ多いとタブー視されていたことや、輪廻転生《りんねてんしょう》から解脱《げだつ》して肉体を離れた釈迦の姿を具体的に造形することは不可能と考えられていたことが理由である。

仏像の代わりに仏塔《ぶっとう》がつくられ、やがて紀元前一世紀頃にはレリーフが施《ほどこ》されるようになった。レリーフには釈迦の一代記をもとにした仏伝記《ぶつでんき》が選ばれたが、ここにも釈迦の具体的な姿はなく、教えが広まっていく様子を示す法輪《ほうりん》や悟《さと》りを開いたことを示す菩提樹《ぼだいじゅ》、釈迦伝道の旅を示す仏足石《ぶっそくせき》などを用いて釈迦の象徴とした。

その後、一世紀半ばにガンダーラ（現パキスタン）で最初の仏像がつくられる。さらに、それから約一〇〇年後の二世紀半ばには中インドのマトゥラーでも仏像製作がはじまり、やがて各地で仏像がつくられるようになった。

なぜ仏像がつくられるようになったのか、その理由ははっきりしないが、一説によれば仏教の発展にともない、具体的な供養《くよう》の対象が求められたためともいわれている。

ガンダーラの仏像は西洋的な顔立ちで装飾もギリシア風なのに対し、マトゥラーの仏像は東洋的な顔立ちである。両者は外見が大きく異なるため、別々に発生したと考えられる。

ガンダーラの仏像

マトゥラーと並び世界最古の仏像作製地とされるガンダーラの仏像は、ヘレニズム文化の影響を感じさせる西洋的な顔立ちが特徴である。

ガンダーラにはアレクサンドロス大王の東方遠征などに従ってそのまま定着したギリシア人も多く、ヘレニズム文化やギリシアの神像彫刻の影響を受けたとみられる。一方、マトゥーラは古代インド美術の中心地だった宗教都市で、古くから民間信仰のヤクシャ像などがつくられていた。仏像はそうした環境でつくられたようだ。

【上座部仏教】

厳しい戒律を基本とする保守的な教えは南へ

●厳しい戒律を守ろうとする教え

釈迦の入滅からおよそ一〇〇年後、仏教は上座部と大衆部に分裂した（根本分裂）。それによって生まれた上座部仏教は、厳しい戒律を守る長老層（上座）が多い保守的な教えで、主に南アジアや東南アジアに広まったことから南伝《なんでん》仏教とも呼ばれる。

上座部仏教の特徴のひとつが出家主義。家族や世俗の地位、財産などすべてを捨てて僧院（寺院）に籠《こも》る。そして釈迦以来の戒律を忠実に守り、瞑想《めいそう》（坐禅《ざぜん》）をして精神を集中することで悟りの境地を目指す。一方、在家の信徒は修行僧に布施《ふせ》を行ない、彼らの説法を聞くことで遠い来世（未来）に救われることを目指す。

古くから小乗仏教と呼ばれてきたが、小乗とは「小さな乗り物」「劣った乗り物」という意味で、のちに興起《こうき》した大乗仏教の人々から浴びせられた蔑称《べっしょう》である。

上座部仏教の伝播経路をみると、紀元前三世紀のアショーカ王の時代にインドからセイ

南方への伝播

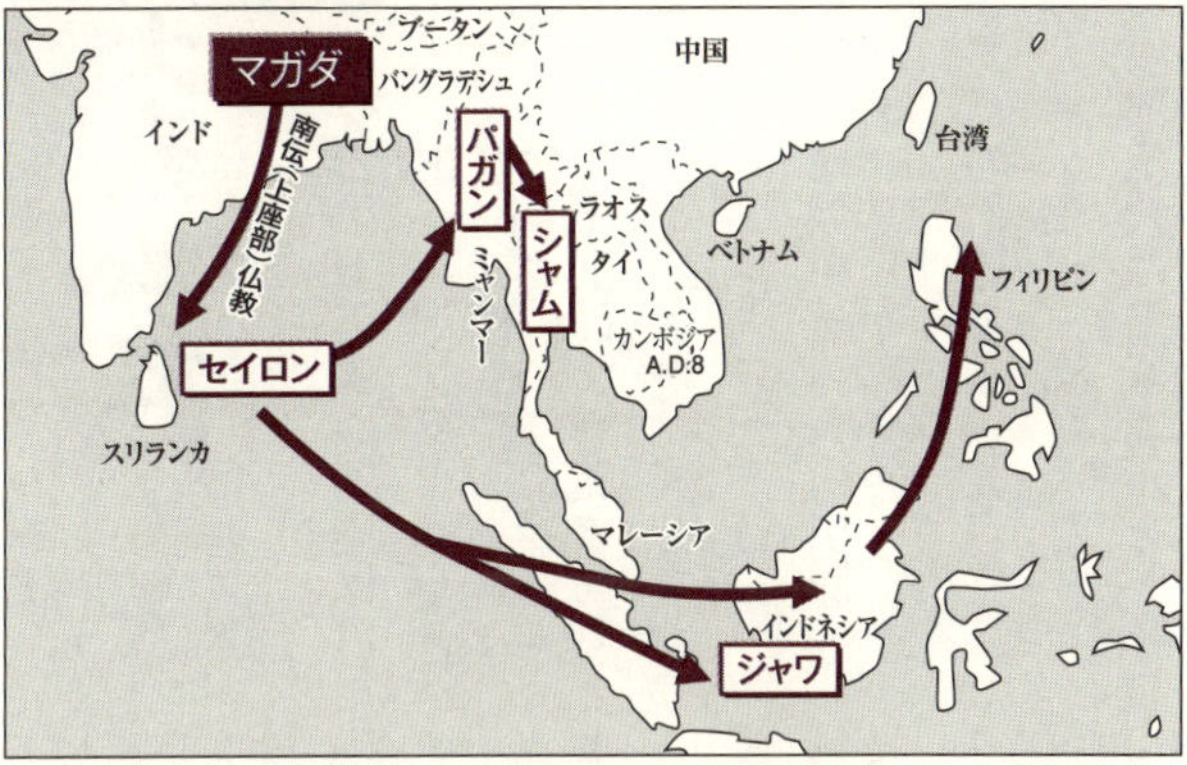

アショーカ王の時代にインドからセイロン島へ伝わった上座部仏教は、その後さらに、海を渡って東南アジア各地へもたらされた。

ロン（現スリランカ）へと伝えられ、歴代国王の庇護《ひご》のもとで発展した。やがて海を渡り、四～五世紀頃にはビルマ（現ミャンマー）やタイやカンボジアなどにも伝わる。だが当時の仏教は上座部仏教だけでなく、さまざまな教えが混《こん》淆《こう》したものだったと考えられている。

　そして十一世紀頃から、東南アジアで上座部が優位に立ちはじめる。パガン朝が上座部仏教を国教的な位置に置いたことが躍進のきっかけとなり、十三世紀にはセイロンの上座部仏教がビルマやタイ、カンボジアなどにも伝播。十五世紀後半には上座部仏教の先進地域であるスリランカに僧侶を派遣するほどだった。

　こうして上座部仏教が定着するに従い、出家者を中心とする地域社会がつくられた。

【大乗仏教】

戒律より衆生救済を目的とする教えは北へ

●シルクロードによって運ばれた仏教

中インドからガンダーラなどの北西部へ広がった仏教は、中国の諸都市と中央アジア、インド、ローマを結ぶ交易路「シルクロード」へと伝播した。

シルクロードは交易路であるとともに文化交流の通路でもあった。その沿道には多くのシルクロード王国が勃興《ぼっこう》しており、多くの人々が仏教を信仰したのである。

そもそもシルクロードは三つの幹線からなる。タリム盆地にあるタクラマカン砂漠の南側を通る西域南道《さいいきなんどう》、天山《てんざん》山脈の北側を通る天山北路、天山山脈の南側を通る中央道の西域北道（天山南路）である。

いずれの沿道でも仏教が盛んだったが、天山北路では上座部仏教、西域北道では大衆部系の大乗仏教が主流だった。

上座部仏教は出家主義をとり、ごく限られた人しか悟りを得ることはできないと考える

北方への伝播

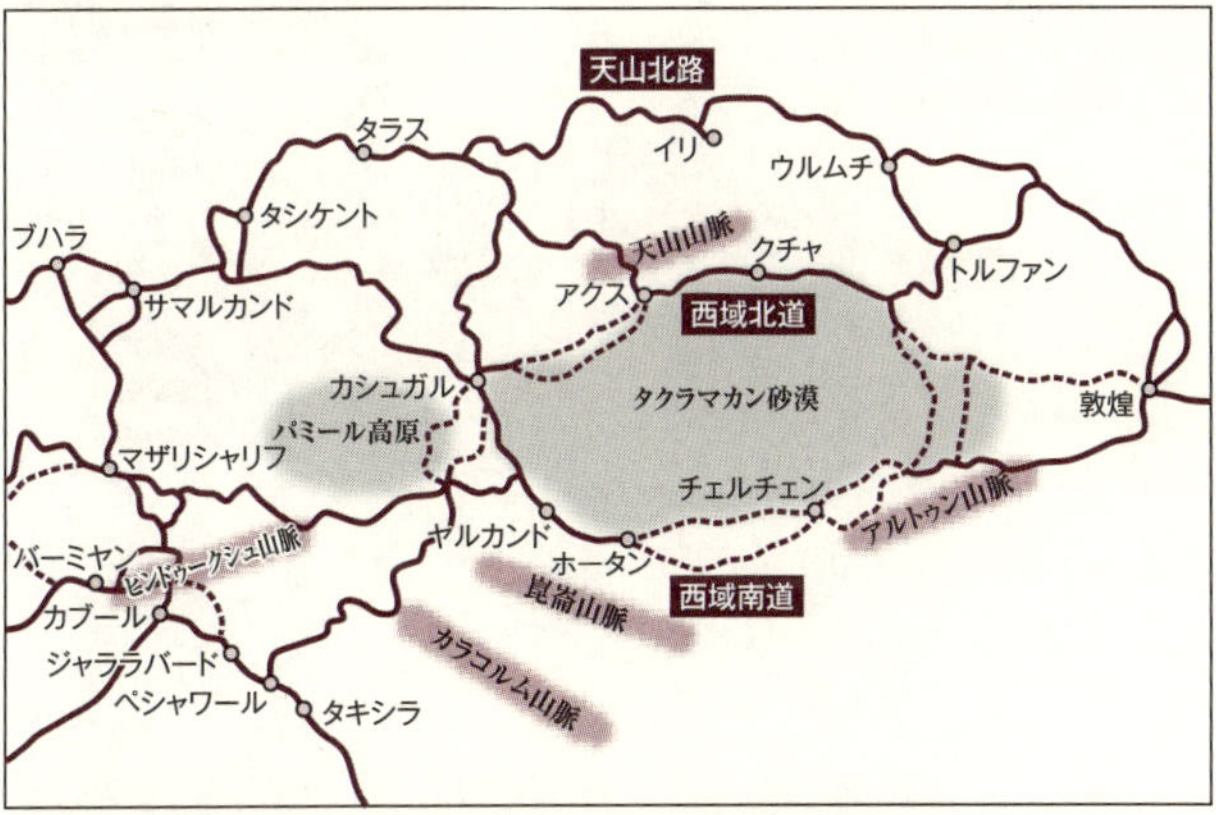

中国と中央アジア、インド、ローマを結ぶ東西の交易ルートであったシルクロードは、仏教を中国へ伝える役割も果たした。

のに対し、大乗仏教は大勢で彼岸《ひがん》（悟りの世界）に渡ることができる「大きな船」「優れた船」をつくることを目指すものである。

中央アジアでの仏教は、熱烈かつ実践的に信仰された。過酷な修行をしなくても極楽往生《ごくらくおうじょう》ができると説く『観無量寿経《かんむりょうじゅきょう》』はこの地域の要素が強く、観音信仰や菩薩信仰も発達した。

王族や富裕層の信徒は功徳《くどく》を積むために仏塔や石柱を建てたり、石窟《せっくつ》を開削《かいさく》して壁に絵を描いたり、仏像の礼拝堂《らいはいどう》をつくったりした。大がかりな布施である。

石窟の内部では特定の仏や浄土《じょうど》の様子をイメージする観想《かんそう》の修行もよく行なわれたという。

【中国仏教】

鳩摩羅什の経典翻訳が大きく貢献

●中国思想で仏教を解釈

中国への仏教伝来の時期については正確にわかっていないが、遅くとも一世紀中頃には西域から入ってきていたとされる。

紀元六七年には、後漢《ごかん》の明帝《めいてい》が中央アジアの大月氏国《だいげっしこく》から迦葉摩騰《かしょうまとう》と竺法蘭《じくほうらん》というインド僧を招いて経典の漢訳をさせたと伝わる。当時は仏教の教えを自国の老子《ろうし》や荘子《そうし》の思想に当てはめて理解しようとしていた。これを格義《かくぎ》仏教という。

その後、四世紀頃になると中国で本格的に仏教が広まる。後漢が滅んで人々の不安が増したため、心の拠《よ》りどころとなる宗教が求められたのだ。

道安《どうあん》という僧侶は、それまでの格義仏教を批判し、老荘《ろうそう》思想ではなく、仏教はあくまで仏教の教えとして理解しなければならないと主張した。

そうしたなか、鳩摩羅什《くまらじゅう》（クマーラジーヴァ）という僧侶が仏教経典の漢訳事業で大

鳩摩羅什像

ウイグルにある中国四大石窟のひとつ、キジル千仏洞の前に建つ鳩摩羅什の像。鳩摩羅什は多くの経典を漢訳した。

きな貢献を果たした。

鳩摩羅什はインド僧とクチャ国王の妹とのあいだに生まれ、インドで上座部仏教と大乗仏教を学んだ名僧。四〇一年に後秦《ごしん》の王姚興《ようこう》によって長安《ちょうあん》に迎えられると、一〇年足らずのあいだに三五部二九四巻もの経典を翻訳した。この漢訳で仏教を学んだ道生《どうしょう》、僧肇《そうちょう》、慧観《えかん》など三〇〇〇人以上の門弟たちが仏教研究を進め、中国仏教の土台を築いていったのである。

もうひとり、法顕《ほっけん》の活躍も見逃せない。法顕は鳩摩羅什と同時期の中国人僧で、六十歳頃にインドへ旅立ち、一〇年以上インドをまわって中国に帰国。その後、持ち帰った経典を訳すなどして仏教の布教に力を尽くした。

【中国仏教の展開】

教理の整理が行なわれ各派が主導権を争う

●天台宗を開いた智顗の活躍

鳩摩羅什らの活躍によって中国に根づいた仏教は六世紀～九世紀、隋《ずい》や唐《とう》の時代に多くの宗派が生まれ、飛躍的に発展することになる。

隋代の中国仏教で注目すべきは智顗《ちぎ》である。六世紀末、中国を統一し仏教を保護した隋の煬帝《ようだい》に重用された智顗は、天台宗《てんだいしゅう》を開宗。その天台宗が中国仏教の中心として栄えた。

智顗の功績としては教相判釈《きょうそうはんじゃく》（教判《きょうはん》）も大きい。中国に多数の経典がもたらされると、経典ごとに矛盾する内容がみられるようになり、教えをどう解釈するかが問題となった。そこで南北朝時代から経典を整理し、体系化する作業が行なわれはじめた。これを教相判釈というのである。

教相判釈は時代ごとに行なわれ、隋代には智顗が五時八教《ごじはっきょう》の教相判釈を行なった。智顗は釈迦の教えを時代に従って五教に分け、さらに説法の仕方によって四種（化儀《けぎ》の四教）、

五時八教の教相判釈

五教	
①華厳時《けごんじ》	悟りを開いてから21日間は『華厳経』を説いた。
②阿含時《あごんじ》	次の12年間は『阿含経』を説いた。
③方等時《ほうどうじ》	次の16年間は『阿弥陀経』『観無量寿経』『大日経』『維摩経』などを説いた。
④般若時《はんにゃじ》	次の14年間は『般若経』を説いた。
⑤法華涅槃時《ほっけねはんじ》	晩年の8年間は『法華経』を説き、最後の一日一夜に『涅槃経』を説いて、すべての者を救った。
化儀の四教	
①頓教《とんぎょう》	真理をそのまま説いたもの。
②漸教《ぜんぎょう》	衆生の機根（能力）に応じて段階的に説いたもの。
③秘密教《ひみつきょう》	機根の異なる衆生に、互いに説法の違いを知られずに、別々に説いたもの。
④不定教《ふじょうきょう》	機根の異なる衆生に、互いに説法の違いを知られた状態で、別々に説いたもの。
化法の四教	
①蔵教《ぞうきょう》	小乗の教え。
②通教《つうぎょう》	大乗と小乗の両方に通ずる教え。
③別教《べっきょう》	大乗のみを説いた教え。
④円教《えんきょう》	すべてを包み込む円満な教え。

中国天台宗の開祖である智顗は、釈迦の教えを時代に従って五教に分け、さらに、説法の仕方によって四種（化儀の四教）、教えの内容によって四種（化法の四教）に分類した。

教えの内容によって四種(化法《けほう》の四教)に分類。その結果、すべての人々が救われると説く一乗《いちじょう》思想の『法華経《ほけきょう》』がもっとも優れた教えだと位置づけたである。

●三蔵法師のモデルとなった玄奘

唐代になると、法相宗《ほっそうしゅう》、華厳宗《けごんしゅう》、密教《みっきょう》などが国の庇護《ひご》のもとで勢いを増した。

この時代までに中国には『法華経』『華厳経』『般若経《はんにゃきょう》』といった大乗仏教の重要な経典が漢訳され、その研究も進んだ。しかし、大乗仏教のもう一方の根幹をなす「唯識論《ゆいしきろん》」に関する経典は部分的にしか伝わっていなかった。

玄奘《げんじょう》という僧は、唯識を修めなければ大乗仏教の全容を理解することはできないと考え、六二八年に単身でインド求法の旅に出発。都合一七年間の旅のなかで西域やインドの仏教事情を学ぶとともに唯識思想をマスターして、六四五年に膨大な数の経典を携えて帰国したのである。その後、玄奘の弟子の窺基《きき》(慈恩大師《じおんたいし》)が唯識の教理を組織体系化し、法相宗を開いている。

●華厳宗から密教へ

玄奘像と玄奘塔

慈恩寺（埼玉県さいたま市）の玄奘像と玄奘塔。玄奘は『西遊記』のモデルとしても名高い。

七世紀末に則天武后《そくてんぶこう》が建国した周《しゅう》では、則天武后を弥勒菩薩《みろくぼさつ》の生まれ変わりとする偽経《ぎきょう》（サンスクリット語で書かれた経典を中国で翻訳したものとしているが、実際にははじめから中国で漢文で書かれたニセの経典）『大雲経《だいうんきょう》』がつくられたことを機に、仏教が道教《どうきょう》より優位に立つ。そうしたなか、華厳宗と禅《ぜん》が隆盛をみた。

法相宗などすべての仏教の教えを含むとする華厳宗は、統治策の新たなイデオロギーとしてとしても重用された。また六世紀に達磨《だるま》（ボーディダルマ）が伝えた禅も保護された。さらに周が廃され、再び唐が復活すると、今度は加持《かじ》祈祷《きとう》など神秘的な教えの密教が主導権を握るようになった。そして仏教は王権と結びついて国家仏教となっていったのである。

【チベット仏教】

観音菩薩の化身、ダライ・ラマの誕生

●インドと中国から仏教を学ぶ

ヒマラヤ山脈の北側に広がる高原の地、チベット。ここにも仏教は伝播した。伝来時期は七世紀、吐蕃王朝《とばんおうちょう》ソンツェン・ガンボ王の時代で、王がネパールと中国の双方から妃《きさき》を迎えたことにより、インド仏教と中国仏教が伝わった。

チベットには古くからボン教というシャーマニズム的な民族宗教があったが、元来寛容な仏教と融合してラマ教（チベット仏教）という独自の仏教を展開させた。

八世紀にはチーソン・デーツァン王がインドからシャーンタラクシタという高僧を招き、彼のためにサムイエ寺を建立。その後、インドの高僧パドマサンバヴァがチベットを訪れて密教を伝えた。加持祈祷を中心とする呪術的色彩の強い密教は、もともとシャーマニスティックで呪術を重んじるボン教に親しんでいたチベットの人々と相性がよく、この地に深く根を下ろすことになった。

ポタラ宮

7 世紀に吐蕃王朝によって創建されたポタラ宮は、チベット仏教の総本山。現在の宮殿は 17 世紀に再建されたもの。

九世紀、吐蕃王朝が分裂すると仏教も衰退したが、十一世紀に密教経典の新たな伝来やイスラム勢力の弾圧を受けたインド僧らが流入してきた影響で、仏教は復興した。

十五世紀にはツォンカパがゲルグ派を打ち立て、現在に続くチベット仏教の基礎が築かれる。一六四二年にはゲルグ派のダライ・ラマ五世がチベットを政教両面で掌握し、ポタラ宮を建てて住んだ。ダライ・ラマは観音《かんのん》菩薩の化身とされ、チベットの全権を掌握するとともに、チベットの人々の崇拝対象となった。

これ以降、代々のダライ・ラマがチベットの指導者として君臨するようになった。しかし、中国の侵攻によってチベットを追われ、現在のダライ・ラマ十四世は亡命中である。

こらむ

〈偽 経〉

経典はどこまで信用できるのか？

釈迦《しゃか》の入滅後、弟子たちや仏教教団によって多数の経典がつくられた。しかし、「八万四千の法門《ほうもん》」といわれるほどたくさんある経典のなかには、そもそも釈迦の教えではないのに、あたかかも釈迦の教えのように記されている経典も存在する。いわゆる「偽経《ぎきょう》」である。

偽経の起こりは中国。中国では1世紀中頃から儒教《じゅきょう》や道教《どうきょう》が広まっており、その後に仏教が伝わると、経典の漢訳作業の過程で、中国人になじむように儒教や道教の教えが盛り込まれ、偽経がつくられることになった。

たとえば『盂蘭盆経《うらぼんきょう》』には、父母を大切にすべしという教えが盛り込まれている。釈迦の十大弟子の一人、モッガラーナ（目連《もくれん》）はあの世で母が餓鬼道《がきどう》に落ちていることを知り、釈迦に母を救う手立てはないかと聞いた。すると「夏の修行明けに他の僧侶に飲食を振る舞うといい」と教えてくれたので、その教えを実行したところ、本当に母が救われたという。

偽経を釈迦の正当な教えということはできない。しかし、深淵な仏教哲学を理解することが困難な庶民にとっては、仏教を身近に感じさせてくれる重要な経典だったのである。

第四章　日本の仏教のはじまり

【仏教伝来】

六世紀に百済から伝わり蘇我氏によって広がる

●欽明天皇のもとに仏像が献上される

仏教が日本に公式に伝わったのは五三八（欽明《きんめい》天皇七）年のことだった。朝鮮半島に位置する百済《くだら》の聖明王《せいめいおう》から仏像や経典、仏具を携えた使者が来朝し、それらを欽明天皇に献じて仏教を信奉するように勧めてきた。これが日本における仏教の公伝である。

当時、百済は高句麗《こうくり》や新羅《しらぎ》と対立しており、日本からの援軍を必要としていた。日本はそれに応じて軍事面、物資面で支援した。

百済は仏教という宗教を介して同盟関係をより強固なものにしようと考え、仏像などを献じたわけである。

ところが、欽明天皇は百済の行為に戸惑いをみせた。ヤマト政権を支える有力豪族は自分たちを守護する氏神《うじがみ》を崇拝していたため、たとえ天皇といえども、従来の氏神を無視して外来の神である仏を祀《まつ》るわけにはいかなかったのだ。

各国の仏教公伝

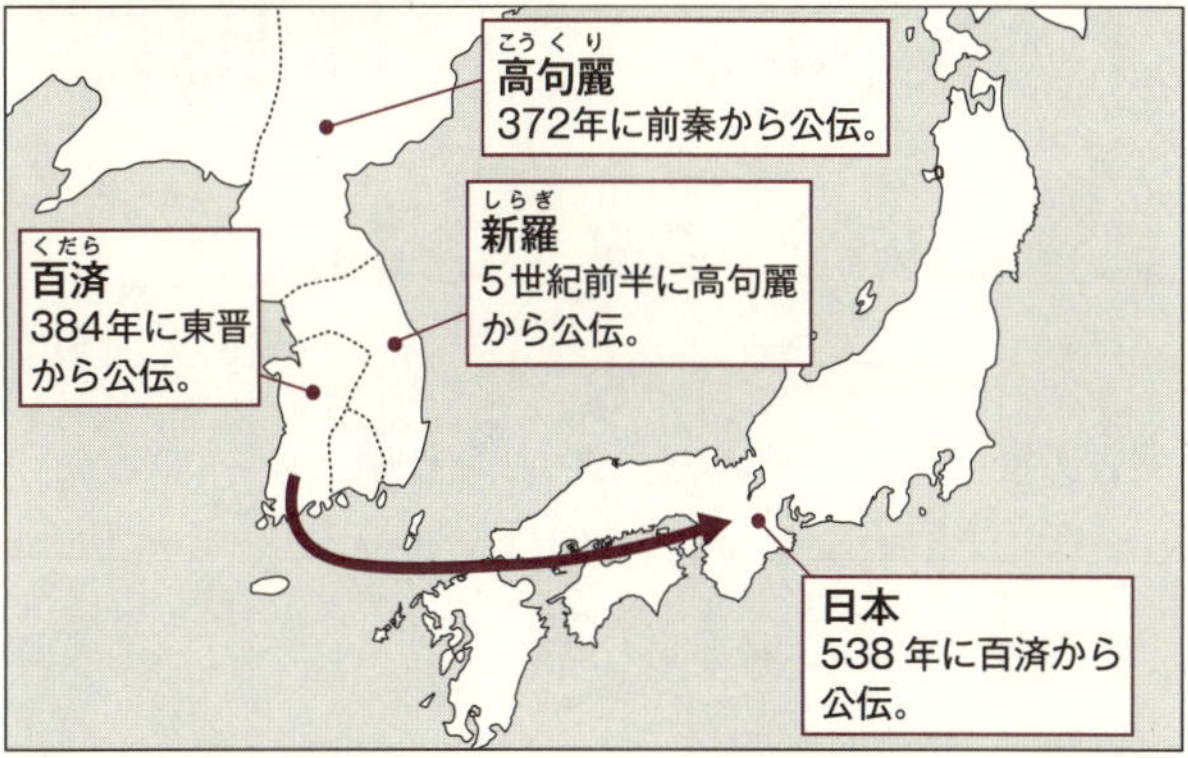

日本への仏教公伝は538年のことで、百済の聖明王により仏像や経典などがもたらされた。ただし、仏教自体はこれより早く渡来人によりもたらされ、私的に信仰されていたとみられる。

●崇仏論争が勃発

有力豪族の意見も二分していた。物部《もののべ》氏は仏を祀れば日本古来の神々の怒りを買うと反対したのに対し、国際派の蘇我《そが》氏は文明の進んだ西隣（中国や朝鮮半島）の国々に倣《なら》って仏を祀るべきだと主張した。

こうした状況のなか、困惑した欽明天皇が崇仏派《すうぶつは》の蘇我氏に百済から献上された仏像などを下賜《かし》したところ、蘇我稲目《いなめ》はそれを向原《むくはら》の邸宅に持ち帰って祀ることにした。

文献的には、これが日本最初の寺院（向原《こうげん》寺《じ》）となる。

だがその後、疫病《えきびょう》が流行して多くの人々が亡くなる。これを物部氏は八百万の神々の怒りだとして向原寺を焼き払い、仏像を難波《なにわ》

蘇我氏系図

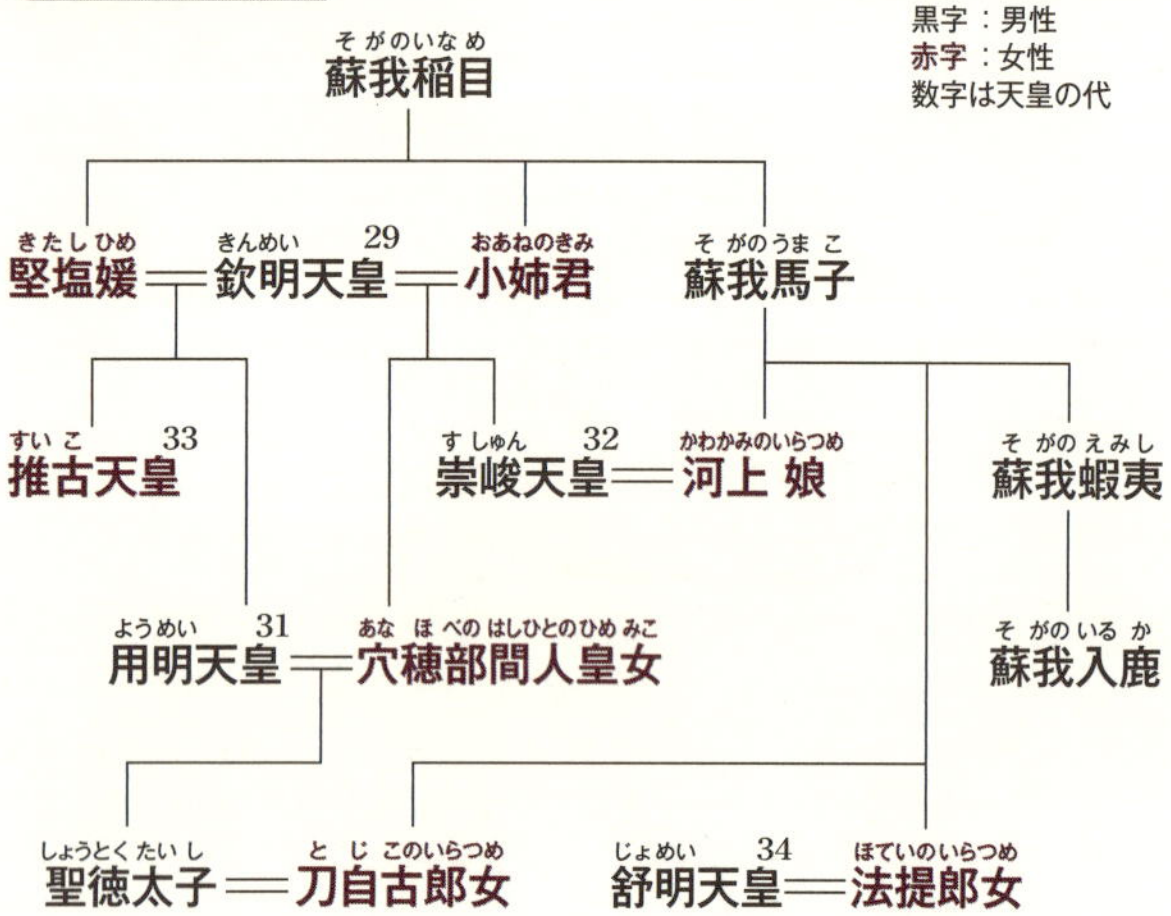
黒字：男性
赤字：女性
数字は天皇の代
蘇我稲目《そがのいなめ》
堅塩媛《きたしひめ》
欽明天皇《きんめい》 29
小姉君《おあねのきみ》
蘇我馬子《そがのうまこ》
推古天皇《すいこ》 33
崇峻天皇《すしゅん》 32
河上娘《かわかみのいらつめ》
蘇我蝦夷《そがのえみし》
用明天皇《ようめい》 31
穴穂部間人皇女《あなほべのはしひとのひめみこ》
蘇我入鹿《そがのいるか》
聖徳太子《しょうとくたいし》
刀自古郎女《とじこのいらつめ》
舒明天皇《じょめい》 34
法提郎女《ほていのいらつめ》

津《つ》の堀江《ほりえ》というところに棄却してしまったのである。

●蘇我氏が建立した最初の寺院とは

物部氏と蘇我氏の崇仏・廃仏《はいぶつ》論争は約半世紀にわたって続いた。

欽明天皇の後を継いだ敏達《びだつ》天皇は仏教を好まなかった。しかし、この時代にも百済や高句麗から仏像や経典がもたらされたり、僧侶がやってきたりしていた。

五八七（用明《ようめい》天皇二）年には、用明天皇の後継者問題も絡んで、物部氏と蘇我氏の争いが武力衝突にまで発展する。その争いで蘇我氏が物部氏を滅ぼすと、有力豪族たちの間にも仏教が広まりはじめた。

飛鳥大仏

飛鳥時代の代表的仏師・鞍作止利の作とされる。高さ約 2.7 メートルの金銅製で、面長の顔立ちとアーモンド型の目が特徴的である。

五八八（用明天皇三）年には、蘇我馬子《うまこ》（稲目の子）が飛鳥《あすか》の地に飛鳥寺《あすかでら》の建立を開始。当初法興寺《ほうこうじ》と呼ばれていたこの寺院は、馬子が物部氏との争いで「この戦いに勝利したあかつきには、仏寺を建立します」と誓ったことから建てられたもので、全体の完成までに二〇年もかかった。

六〇六（推古《すいこ》天皇十四）年には、日本最古の仏像である金剛釈迦如来《こんごうしゃかにょらい》像（飛鳥大仏）が安置され、やがて一族の氏寺《うじでら》から公的な性格を帯びた寺院になった。

度重なる火災などの影響で、現在の飛鳥寺は小さな寺院になっているが、往時は法隆《ほうりゅう》寺《じ》の三倍もある壮大な寺院だったと伝えられている。

【聖徳太子】

「十七条憲法」から窺える仏教の精神

●推古天皇を摂政として支える

六世紀末以降、仏教は日本に定着し、仏教国家ができ上がっていく。このとき大きな役割を担ったのが推古《すいこ》天皇の摂政《せっしょう》聖徳太子《しょうとくたいし》である。

推古天皇は天皇としてはじめて仏教を信仰した用明天皇の妹で、五九二（崇峻《すしゅん》天皇五）年に日本初の女帝として即位が決まると、天皇の甥（用明天皇の皇子）の太子を摂政として全権を委ねた。蘇我氏はもともと崇仏派だったから、政権の中枢が仏教の振興に積極的な者たちで占められたことになる。

太子は高句麗の僧や百済の僧のもとで熱心に仏教を学んだ。仏教の教えに関する理解はひじょうに深く、推古天皇の求めに応じて経典の講義などを行なった。そうした太子の支えを受け、推古天皇は五九四（推古天皇二）年に三宝興隆《さんぽうこうりゅう》の詔《みことのり》を出す。

三宝とは、仏宝《ぶっぽう》すなわち悟《さと》りを開いたブッダ（釈迦）、法宝《ほうぼう》すなわち釈迦の教え、僧宝《そうぼう》

聖徳太子 関連年表

574年	用明天皇と穴穂部間人皇女との間に生まれる。
587年	蘇我氏と物部氏の戦いに、蘇我氏側として加わる。
592年	推古天皇の即位に伴い摂政となる。
594年	三宝興隆の詔を出す。
603年	冠位十二階を定める。
604年	十七条憲法を制定。
607年	小野妹子らを隋に送る。
614年	犬上御田鍬らを隋に送る（最後の遣隋使）。
615年	この頃までに『三経義疏』を著す。
622年	2月22日死去（享年49）。

法隆寺夢殿

聖徳太子の遺徳を偲んで建立された。内部には太子の等身像と伝えられ護持されてきた救世観音像が安置されている。

すなわち悟りを得ようとしている僧侶と教団の意味。つまり推古天皇は三宝興隆の詔によって仏教を保護することを示したのである。これを受けた有力豪族たちは詔に応えるべく、莫大な財産を注いで荘厳な寺院を建立していった。

●十七条憲法にみえる仏教の精神

次に六〇四（推古天皇十二）年、聖徳太子は十七条憲法を制定した。この日本初の成文法は、為政者や官僚が守るべき心構えを示したものだが、仏教の教えがいたるところに表れている。たとえば「和《わ》を以《も》って尊《とうと》しと為《な》し」からはじまる第一条は、争わずに協調することの大切さを説いている。仏教の教えが国の基盤になると明言しているのが第二条で、「篤《あつ》く三宝を敬《うやま》え。三宝とは仏と法と僧なり」と記されている。推古天皇が出した三宝興隆の詔と同じような内容である。

また、太子は遣隋使《けんずいし》の派遣を積極的に行なった。これによって、それまで朝鮮半島を経由してもたらされていた大陸（中国）の文化が直輸入されはじめた。

六〇七（推古天皇十五）年の遣隋使には小野妹子《おののいもこ》とともに学問僧旻《みん》や南淵請安《みなぶちのしょうあん》、高《たか》向玄理《むこのくろまろ》らが派遣されている。南渕と高向は隋から唐に至る政治的改革を見物するととも

十七条憲法

第一条　和を大事にしなさい
第二条　三宝（仏法僧）を敬いなさい
第三条　天皇の命令に必ず従いなさい
第四条　礼儀を大切にしなさい
第五条　公正な裁判をしなさい
第六条　勧善懲悪を実践しなさい
第七条　人材配置は適材適所で
第八条　朝早く出勤し夕方遅く帰りなさい
第九条　何事も誠実に行動しなさい
第十条　怒りは心の内に抑えなさい
第十一条　しっかりと判断して賞罰を
第十二条　税の取立て私腹を肥やさない
第十三条　部下に任せる仕事の内容は熟知しておきなさい
第十四条　嫉妬心は捨てなさい
第十五条　公務では私心を捨てなさい
第十六条　民衆に使役を課すときは時期を配慮しなさい
第十七条　重要な事柄は独断せず、多数で議論しなさい

に、当地の政治制度や律令などをじっくり学んで帰国。そのことが大化の改新をスムーズに進める原動力となった。

さらに、太子の功績として『三経義疏《さんきょうのぎしょ》』を著したことも見逃せない。『三経義疏』とは、『法華経《ほけきょう》』『勝鬘経《しょうまんぎょう》』『維摩経《ゆいまぎょう》』という三つの経典の注釈書。いずれの経典も出家信者だけでなく在家信者のことも重んじており、太子がこれら三つの経典を選んだのは、国の政治と仏教の教えの融合を進めるためだったともいわれている。

このように、太子は仏教興隆のために尽くしたことから、のちの各宗派で自派の源流と目されるようにもなった。太子が日本の仏教界に与えた影響は計り知れないものがある。

【国家仏教】

国分寺・国分尼寺の建立と南都六宗

●氏族仏教から国家仏教への転換

聖徳太子没後、六四五（皇極《こうぎょく》天皇四）年に中大兄皇子《なかのおおえのおうじ》と中臣鎌足《なかとみのかまたり》が蘇我蝦夷《えみし》・入鹿《いるか》父子を滅ぼすと、翌年から大化《たいか》の改新《かいしん》と呼ばれる一連の改革がはじまった。

孝徳《こうとく》天皇は仏法興隆の詔を発し、今後は天皇が仏教を保護するとともに、その在り方も統制するとした。これにより仏教は、蘇我氏などが主導する氏族仏教から天皇（国家）が主導する国家仏教へと位置づけを変えたのである。

その後、六七二（天武《てんむ》天皇元）年に天武天皇が即位すると、律令制による中央集権化を推進するなかで仏教が手厚く保護されることになった。しかし一方で、仏教は国のためのものという考えから、僧や尼に対する規制も設けられ、七一八（養老《ようろう》二）年に完成した養老律令《りつりょう》の一編の僧尼令《そうにれい》二七七条が定められている。

この僧尼令により、僧や尼は国を守るための祈祷《きとう》を行なう義務を負わされ、その力を養うために修練を積むことが求められた。また、出家する際に国の許可が必要とされたり、寺院外で民衆に直接教えを説くことが禁じられたりもした。

●国分寺・国分尼寺の建立が決まる

仏教によって国を守る――この護国仏教の思想をさらに推し進めていったのが聖武《しょうむ》天皇である。

聖武天皇の時代には災害が頻発し、疫病《えきびょう》も流行して社会が混乱した。貴族同士の権力争いも激化し、政治が不安定になった。

そこで聖武天皇は、仏教の力で国を安らかにしたいと考え、七四一（天平《てんぴょう》十三）年に国ごとに国分寺《こくぶんじ》・国分尼寺《こくぶんにじ》をつくること、総国分寺として東大寺《とうだいじ》をつくることを命じたのである。これを受けて国分寺が建てられた。

さらに聖武天皇は東大寺に大仏を造立し、七五二（天平勝宝《しょうほう》四）年に大仏開眼供養会《だいぶつかいげんくようえ》を催した。この法会では日本はもとより諸外国の僧侶や来賓《らいひん》が一万人も列席し、東アジア最大のイベントとなった。

ここに日本における仏教の興隆は頂点に達したのである。

●奈良を中心に展開した南都六宗

この時期は、南都六宗《なんとろくしゅう》と呼ばれる宗派が成立した時代でもある。六宗とは三論宗《さんろんしゅう》、成実宗《じょうじつしゅう》、倶舎宗《くしゃしゅう》、法相宗《ほっそうしゅう》、華厳宗《けごんしゅう》、律宗《りっしゅう》のことで、奈良（南都）の諸寺を中心に展開したことから「南都六宗」と名づけられた。

法相宗の本山は薬師寺《やくしじ》と興福寺《こうふくじ》、法隆寺、三論宗の道場は元興寺《がんごうじ》（飛鳥寺の後身）、律宗の道場は唐招提寺《とうしょうだいじ》だった。総国分寺である東大寺では華厳宗が学ばれた。また、倶舎宗は法相宗に、成実宗は三論宗に付随して学ぶものとされた。

ただし「宗」とはいえ、平安時代以降の天台宗《てんだいしゅう》や真言宗《しんごんしゅう》、鎌倉時代の浄土宗《じょうどしゅう》や浄土真宗《じょうどしんしゅう》などのような信仰の中心ではなかった。たとえば成実宗は『成実論』という論書を、倶舎宗は『倶舎論』という論書を、律宗は戒律、華厳宗は『華厳経』という経典を学ぶ拠点で、学問研究の「学派」といったほうが適切である。僧侶も特定の宗派に属することなく、各宗派の教えを学ぶことができた。これを兼学《けんがく》という。

また、南都六宗のうち現在まで続いているのは法相宗、華厳宗、律宗の三宗しかない。いずれも檀家《だんか》をもたず、末寺《まつじ》も少ない。しかし、東大寺や法隆寺、唐招提寺など日本仏教の基礎を築いた宗派として重んじられている。

南都六宗

宗	拠り所
華厳宗《けごんしゅう》	華厳経《けごんぎょう》
成実宗《じょうじつしゅう》	成実論《じょうじつろん》
三論宗《さんろんしゅう》	中論《ちゅうろん》、十二門論《じゅうにもんろん》、百論《ひゃくろん》
律《りつ》　宗《しゅう》	四分律《しぶんりつ》
倶舎宗《くしゃしゅう》	説一切有部《せついっさいうぶ》
法相宗《ほっそうしゅう》	唯識《ゆいしき》

南都六宗の中心となった寺院

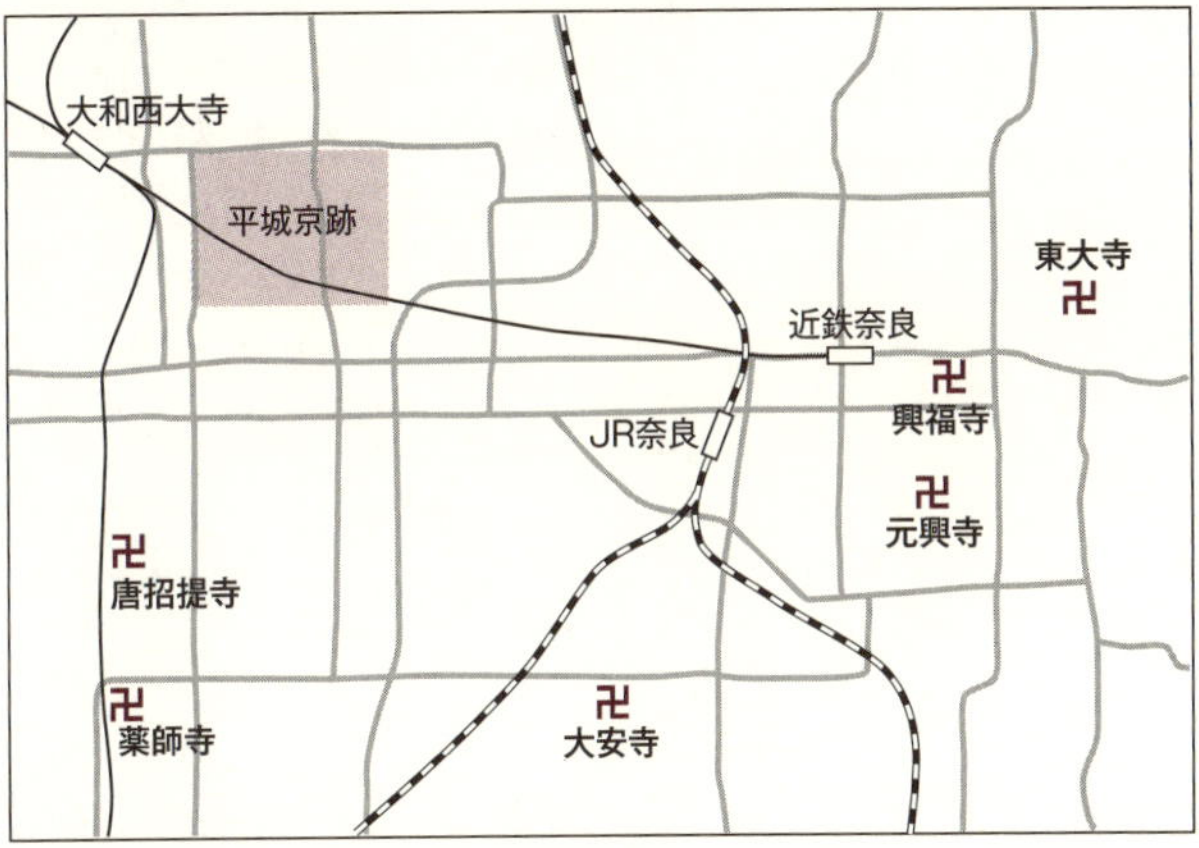

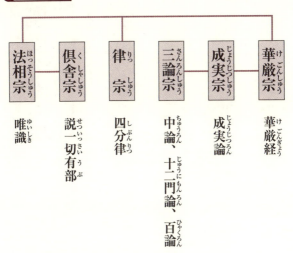

【鑑真の来日】

六度目の渡航で悲願を果たし 日本初の戒壇を設ける

●日本では正式な僧侶になれなかった

正式な僧侶になるためには、三師七証《さんししっしょう》による授戒《じゅかい》が必要とされる。三師七証とは、戒《かい》律《りつ》を授ける三人の戒師《かいし》と、授戒したことを証明する七人の僧侶を意味する。つまり、資格をもつ僧侶が合計一〇人そろわないと、正式な僧侶になることはできない。

戒律とは、僧侶や修行僧が守らなければならない規則のこと。出家僧《しゅっけそう》のための戒律は具足戒《ぐそくかい》と呼ばれ、二五〇（女性は三四八）にのぼるが、日本には八世紀半ばまで戒師がおらず、正式な僧侶になるには大陸へ渡って授戒しなければならなかった。

しかし、七四一（天平十三）年に聖武天皇が国分寺・国分尼寺の建立の命を出すと、緊急の問題が生じた。各国に建立した寺院に、正式な僧尼を置かなくてはならなくなったのである。

授戒のために渡海させるのでは、膨大な時間と費用がかかる。渡海には命の危険もとも

鑑真の来日経路

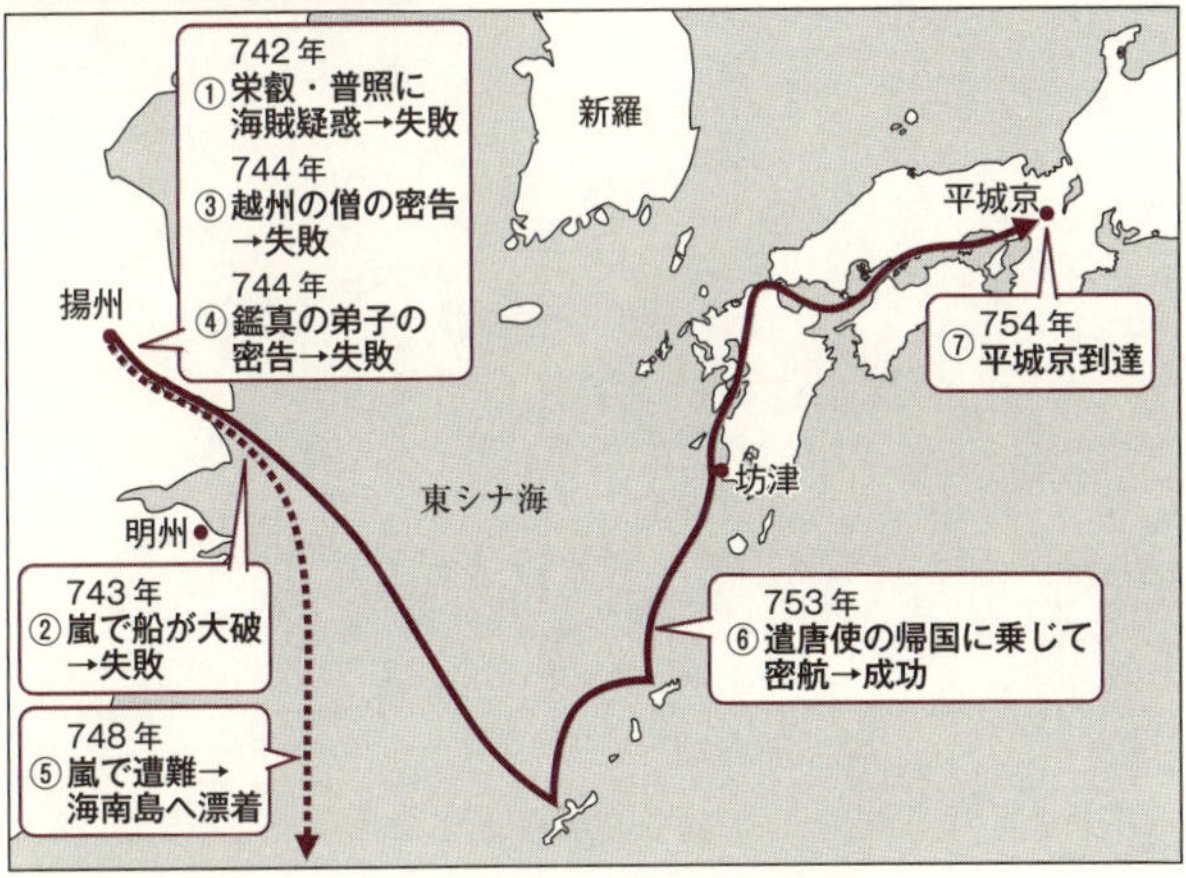

鑑真は、6度目の試みでようやく日本上陸に成功した。

ない、どれだけの者が無事に帰国できるかわからない。どうにか国内で授戒できる体制を整えることはできないか――。

この問題を解決するため、聖武天皇は唐から戒師を招来することにした。

●命を賭して6度の渡海

七四二（天平十四）年、二人の日本人僧栄《よう》叡《えい》と普照《ふしょう》は唐へ渡り、戒律の大家として知られていた大僧正鑑真《がんじん》に弟子の派遣を求めた。来日を希望する弟子がひとりも名のり出ないと、鑑真みずからが来日を決意。五十五歳にして海を渡ることになった。

けれども、鑑真はなかなか渡航することができない。一回目、三回目、四回目の渡航は

唐招提寺金堂

鑑真は 759 年に唐招提寺を創建し、晩年をここで過ごした。

弟子などの密告により妨害された。一回目と五回目は難破によって失敗し、栄叡は病死、鑑真も失明した。

それでも鑑真は諦《あきら》めず、六回目の渡航でようやく成功したのである。来日を受諾してから一〇年以上が過ぎ、鑑真は六十七歳になっていた。

●国内の授戒体制が確立する

七五四（天平勝宝六）年、鑑真はついに平《へい》城京《じょうきょう》へたどり着く。

早速、東大寺大仏殿の前に授戒のための仮設の戒壇《かいだん》が設けられ、聖武太上《だいじょう》天皇をはじめとする四〇〇人あまりが在家の仏教徒が授かる五戒などの菩薩戒《ぼさつかい》を受けた。さらに、す

鑑真 関連年表

688年	唐の揚州江陽県に生まれる。
701年	出家し大雲寺に住む。
705年	菩薩戒を受ける。
708年	具足戒を受け、長安と洛陽で律宗・天台宗を学ぶ。
720年	これより数年間、揚州を中心に造仏・建寺・写経・伝戒などの活動に励む。
742年	栄叡・普照の懇請を受け、渡日を決意。
753年	6度目の試みで日本上陸に成功。
754年	東大寺大仏殿で聖武上皇ほか400名以上に授戒。
759年	唐招提寺を創建。
761年	下野の薬師寺と筑紫の観世音寺に戒壇を設ける。
763年	唐招提寺で死去（享年76）。

でに何らかの方法で受戒していた僧侶も改めて受戒した。そして翌年には東大寺大仏殿の西に常設の戒壇が造営された。これにより、国内でも授戒できるようになったのである。

　戒壇はその後、筑前《ちくぜん》国大宰府《だざいふ》（福岡県）の観世音寺《かんぜおんじ》と下野《しもつけ》国（栃木県）の薬師寺《やくしじ》にも設けられ、日本の授戒体制は充実していく。東大寺、観世音寺、薬師寺の三寺は「天下の三戒壇」と呼ばれる。

　七五九（天平宝字《ほうじ》三）年、聖武天皇の勅願《ちょくがん》により唐招提寺が建立されると、鑑真はそこの住職となった。唐招提寺は南都六宗のひとつ律宗《りっしゅう》の道場にもなり、大いに栄える。そして七六三（天平勝宝七）年、鑑真は日本で死去した。七十六歳だった。

【天台宗】

比叡山を本拠として南都諸宗と対峙した最澄

●四つの教えを融合した総合仏教

平安時代になると、日本の仏教はまた新たな展開を迎える。遣唐使《けんとうし》として大陸に渡ったふたりの留学僧《るがくそう》によって新たな風が吹き込まれることになったのだ。

平安仏教を牽引《けんいん》したひとり目の高僧は最澄《さいちょう》である。最澄は十九歳のとき、東大寺戒壇院で具足戒を授かって国が認める正式な僧侶となった。その後、通常は国分寺の僧侶となるのだが、国の庇護《ひご》のもと安穏としている官寺《かんじ》（国立の寺院）を嫌い、故郷に近い比叡山《ひえいざん》に入山して山岳修行を積んだ。このとき建立した一乗止観院《いちじょうしかんいん》がのちの延暦寺《えんりゃくじ》である。

この最澄の存在に注目したのが桓武《かんむ》天皇だった。桓武天皇は奈良時代に過剰な保護を受けて勢力を拡大した南都六宗の大寺院と距離を置こうと考えており、七九四（延暦十三）年に平安京《へいあんきょう》に遷都《せんと》した際、それらの寺院の移転を認めなかった。一方で、若く求道心《きゅうどうしん》に満ちた最澄を庇護して奈良の大寺院のけん制役としたのである。

最澄と空海の足跡

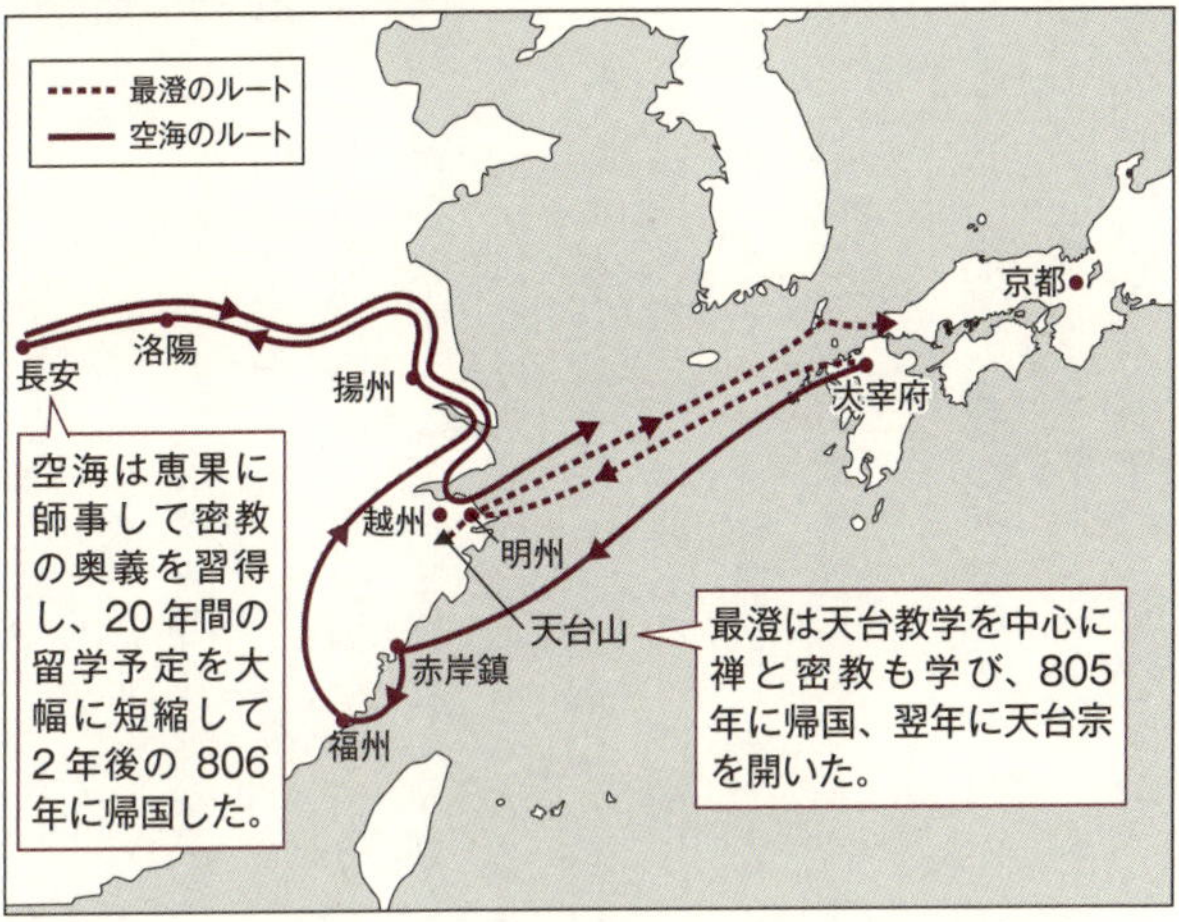

最澄と空海は804年、同じ遣唐使船団の一員として唐に渡った。

四種相承

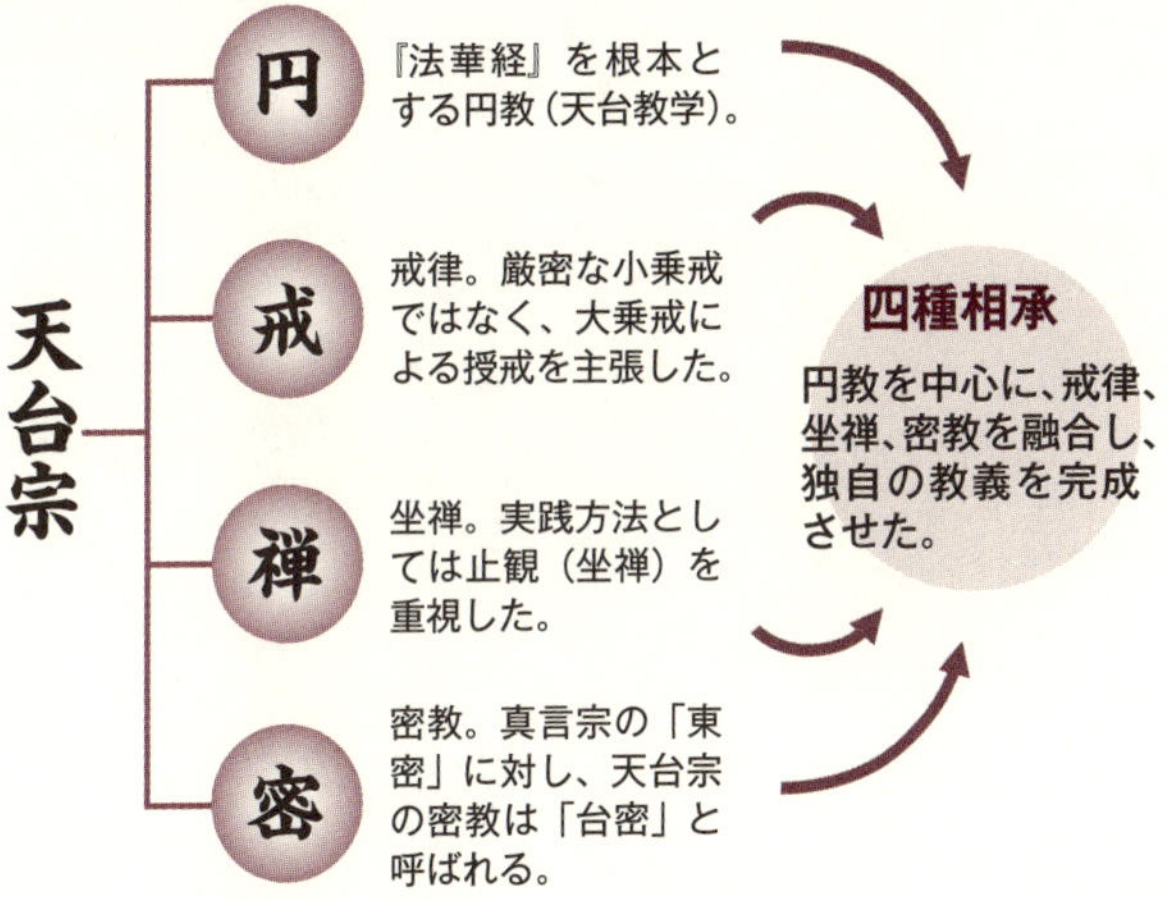

桓武天皇の支援を受けた最澄は、八〇四（延暦二十三）年に入唐《にっとう》。多くの僧から天台教学を学び、さらに禅や密教についても学んで研鑽《けんさん》を積んだ。帰国後、最澄が天台宗《てんだいしゅう》を開宗すると、やがて天台宗は政府公認の宗教となった。

最澄が開いた天台宗は、円《えん》（円教）・戒《かい》（戒律）・禅《ぜん》（坐禅）・密《みつ》（密教）が融合された総合仏教だった。これを四種相承《ししゅそうじょう》という。

円教（天台教学）は完全な教えという意味で、具体的には『法華経』をさす。律は戒律。最澄の天台宗における戒律は独自の大乗戒《だいじょうかい》である。そのため最澄は、過去に自分が受けた東大寺での具足戒を捨て、比叡山に独自の大乗戒壇院をつくることを望んだ。しかし、この願いは南都六宗の反対もあり、最澄が死ぬまで認められなかった。

禅は坐禅である。密は密教のことだが、最澄が唐で学んだ密教は完全なものではなく、帰国後、空海《くうかい》に密教の教えを改めて請《こ》うている。

●弟子たちの活躍と新仏教の開祖たち

四つの教えを融合した最澄の天台宗は、その成り立ちゆえに不完全な部分もあった。それを深く掘り下げ、中身の充実をはかったのが弟子たちである。

比叡山延暦寺

「仏教の総合大学」的な性格を帯びていたこの寺院にて、鎌倉時代に興った新宗派の開祖のほとんどが修行を積んでいる。

最澄の死後に許された大乗戒壇院を設置し、そこで菩薩戒の授戒会を行なったのが初代天台座主《ざす》の義真《ぎしん》。第三代座主の円仁《えんにん》と第五代座主の円珍《えんちん》は唐でじっくり密教を学んだ。そして最澄の天台宗では不十分だった密教の部分をより深いものにした。これ以降、天台宗は密教色を強めていくが、その過程であくまで『法華経』が中心と考える円仁派と、密教を第一義とする円珍派に分かれてしまった。

また、天台宗は仏教全般にわたって修学することが求められたことから、すでに最澄の時代にすべての宗派の経典がそろい、各宗派の修行も比叡山で行なうことができた。そのため多くの僧侶が集まり、平安時代後半には「仏教の総合大学」の様相を呈するようになったのである。

【真言宗】

即身成仏を説き、密教修法を確立した空海

●役人の生活を捨て僧侶となった弘法大師

最澄と並ぶ平安仏教二大巨頭のひとりが真言宗《しんごんしゅう》を開宗した空海である。最澄が伝教大《でんぎょうだい》師《し》と呼ばれるのに対し、空海は弘法大師《こうぼうだいし》と呼ばれる。

讃岐《さぬき》国（香川県）の豪族の子に生まれた空海は、京都で官僚になるため大学へ通っていた。しかし、仏教の教えの素晴らしさに気づき、大学をやめて山林での修行に専念。八〇四（延暦二十三）年に正式な僧侶になると、最澄とともに遣唐使船に乗って唐へ渡った。

唐ではインド人僧不空《ふくう》の弟子である恵果《えか》に密教を学んだ。最澄はさまざまな教えを学んだが、空海は密教のみに集中し、密教のすべての教えを授けられた。そして九ヶ月後、恵果が亡くなると、翌年に多数の密教経典や法具を携えて帰国した。

予定よりだいぶ早い帰国だったせいか、しばらく入京が許されなかったが、八〇九（大《だい》同《どう》四）年に嵯峨《さが》天皇が即位すると空海の存在がクローズアップされはじめ、翌年の薬子《くすこ》の

高野山金剛峯寺

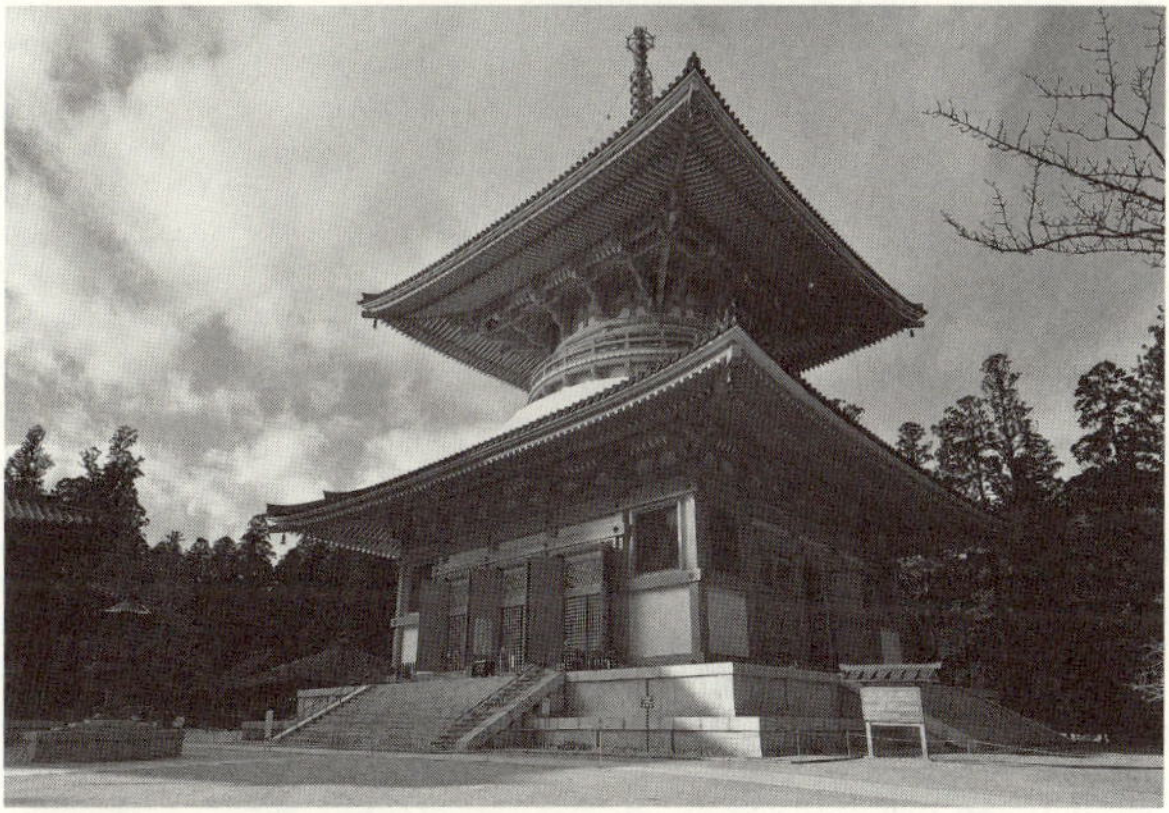

空海が開山した高野山真言宗の総本山。高野山全域を境内としており、山内に 117 社もの子院が鎮座している。

変《へん》の際に鎮護国家の修法《しゅほう》を行なったことをきっかけに、空海は嵯峨天皇に重用されるようになる。

八一六（弘仁《こうにん》七）年には高野山《こうやさん》の開発を開始し、金剛峯寺《こんごうぶじ》を建立して修行の場とした。その一方、京都の東寺《とうじ》を賜《たまわ》り、密教の根本道場として位置づけた。

●密教とは秘密仏教のこと

そもそも密教とは秘密仏教の略で、それまでの仏教である顕教《けんぎょう》に対する言葉である。宇宙の根源である大日如来《だいにちにょらい》が説いた最高にして深遠な教えとされ、通常の言葉では理解できず、真言《しんごん》（一種の呪文）と印契《いんげい》（印。仏像に見られるようなさまざまな手つき、手の組み方）の習得によって体得できる。

真言密教の最大の特徴は即身成仏《そくしんじょうぶつ》という教えにある。これは、現世《げんせ》に生きている身でも仏の境地にあるという意味である。

従来の仏教では、仏になるのは来世《らいせ》、あるいは何度も生まれ変わりを繰り返して途方も無い時間を過ごしたあとのことと考えられていたが、空海は現世ですぐに成仏できると説いた。どのようにすれば成仏できるかというと、三密加持《さんみつかじ》の修行をすることだ。

三密とは身《しん》・口《く》・意《い》の働きのこと。具体的には、身は印契を結ぶこと、口は真言を唱えること、意は心に本尊《ほんぞん》を思い浮かべて瞑想《めいそう》することである。

こうした密教の教えを伝えるため、空海はさまざまな工夫を凝らした。そのひとつが曼《まん》荼羅《だら》である。

曼荼羅は仏の世界を絵柄で表したもの。密教の根本経典『大日経《だいにちきょう》』が説く胎蔵界《たいぞうかい》曼荼羅は、仏の慈悲《じひ》が現実の世界へ伝わる様子を表しており、中央には本尊の大日如来、それを囲むように一二の院に分かれている。一方、『金剛頂経《こんごうちょうきょう》』が説く金剛界《こんごうかい》曼荼羅は、九《く》会《え》曼荼羅とも呼ばれるように九つに区切られている。修行をするごとに各段階を通過していき、最後には中央の大日如来が座る成身会《じょうしんえ》へ行き着くことを表している。

密教のふたつの曼荼羅

胎蔵界曼荼羅

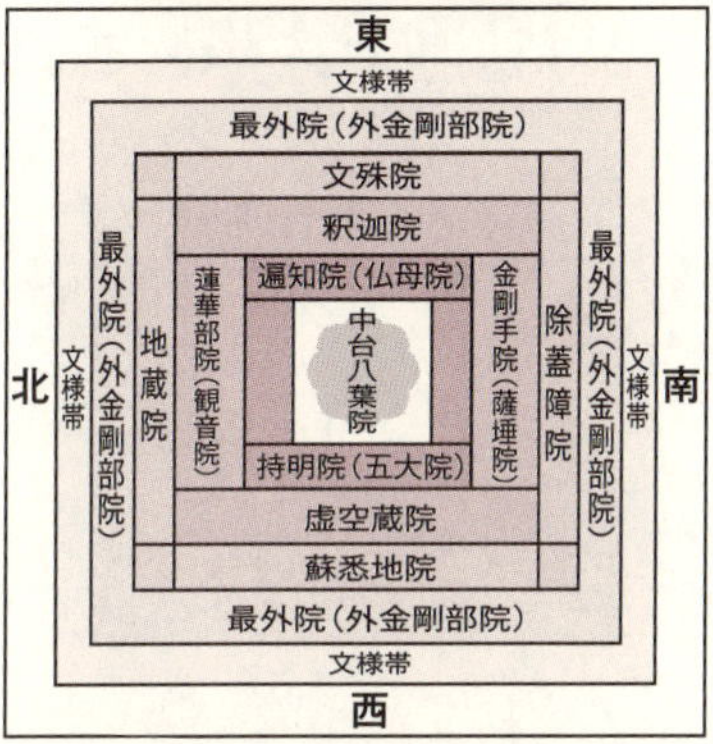

『大日経』の教えを表現している。全体が12の「院」に分けられており、真ん中にある「中台八葉院」には大日如来が配され、その周りを4如来と4菩薩が囲んでいる。

金剛界曼荼羅

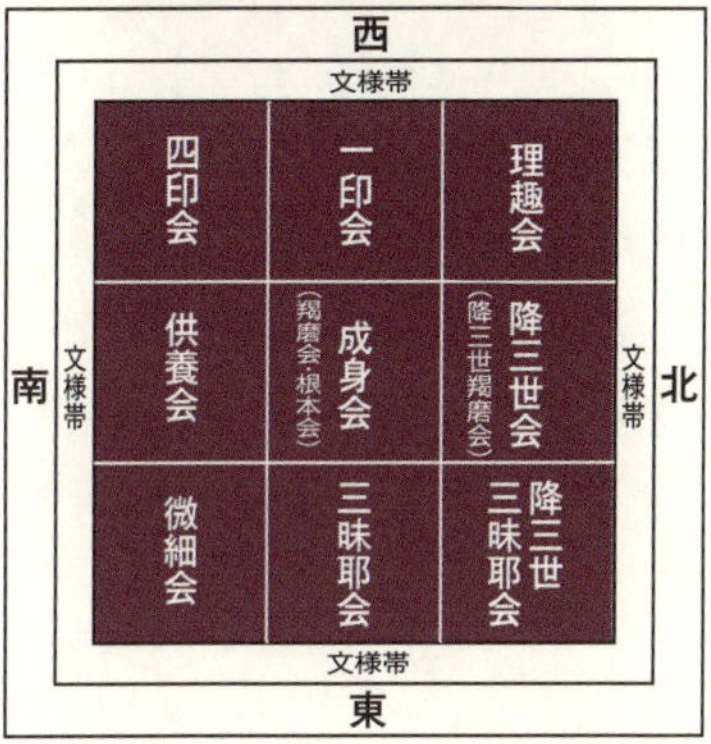

『金剛頂経』に基づき、人間が悟りに至るまでを表現している。全体が9の「会」に分けられており、真ん中にある「成身会」には大日如来が配され、その東西南北（上下左右）を4如来が囲んでいる。

こらむ

〈蓮の花〉

なぜ蓮の花は仏教で大事にされるのか

仏像を見ると、蓮《はす》の花の上に座っていたり、蓮の花を手にもっていたりするものが多い。また、極楽浄土《ごくらくじょうど》には蓮の花が咲き誇っているなどともいわれるし、『法華経《ほけきょう》』のサンスクリット語名「サッダルマ・プンダリーカ・スートラ」のプンダリーカも白い蓮の花を意味する（サッダルマは仏の正しい教え、スートラは経典）。

なぜ、仏教では蓮の花がしばしば登場するのだろうか。

その理由は諸説あるが、もっとも有名なのは泥水《どろみず》のなかで美しい花を咲かせる蓮を仏の悟《さと》りにたとえたというものだ。泥水は煩悩《ぼんのう》の象徴。煩悩のただなかに置かれながらも、それに影響されることなく美しい花を咲かせることが悟りに符合するというわけだ。

一方、そもそもインドでは仏教が興《おこ》る前から蓮の花が愛されていたからという説もある。インド神話の創造神は蓮の花から生まれたことになっており、ヒンドゥー教徒が多数を占めている現在でもインドの国花は蓮の花である。

第五章　民衆へと伝わった仏教

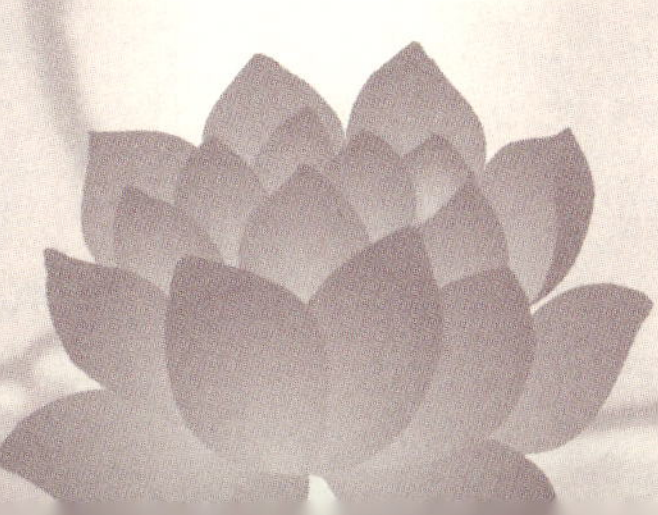

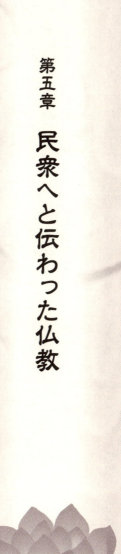

【末法思想と浄土信仰】

無法時代の救済を求めた浄土信仰

●釈迦入滅後の仏教世界とは

平安時代末期、日本では末法《まっぽう》思想《しそう》が流行した。人々は「仏の教えが廃《すた》れる」とされる暗黒の時代の到来を恐れ、社会不安が広がった。この末法思想の背景には、三時説《さんじせつ》という考え方がある。

三時説によると、釈迦《しゃか》が入滅《にゅうめつ》してから一〇〇〇年間（あるいは五〇〇年間）は、釈迦の教えの内容も修行も正しく行なわれ、悟《さと》りを得る者も存在する正法《しょうぼう》の時代が続く。しかし、その後は教えや修行が形骸化して悟りを得る者もいなくなる像法《ぞうほう》の時代が一〇〇〇年続く。その後は教えだけが残っているものの、修行する者、悟りを得る者のいない末法の世が到来し、それが一万年もの間続くという。

そして日本では、一〇五二年（永承《えいしゅう》七）年から末法の時代に入るとされた。実際、京都では同年夏に長谷寺《はせでら》が炎上したり、東北では前年から前九年の役《えき》が続くなどしていたた

末法思想とは

正法《しょうぼう》　釈迦の教えの内容も修行も正しく行なわれ、悟りを得る者も存在する時代。

↓

像法《ぞうぼう》　釈迦の教えや修行が形骸化して悟りを得る者もいなくなる時代。

↓

末法《まっぽう》　釈迦の教えだけは残っているが、修行する者も悟りを得る者もいない時代。

め、末法思想は世の不安を煽《あお》ることになったのである。

●極楽浄土に憧れる人々

そうしたなか、多くの人々が救いを見い出したのは、現世《げんせ》ではなく来世《らいせ》だった。この世で幸せになれないなら、せめてあの世では幸せになりたい――そんな思いが日本人の各階層に広がり、浄土教《じょうどきょう》がその受け皿になったのである。

浄土教とは、「南無阿弥陀仏《なむあみだぶつ》」と念仏《ねんぶつ》をとなえることで極楽浄土《ごくらくじょうど》に往生《おうじょう》できるという教えのこと。「南無」とは帰依《きえ》することを意味し、「南無阿弥陀仏」で「阿弥陀仏（阿弥陀如来《にょらい》）に帰依する」、つまり「阿弥陀如来を一心に信じる、阿弥陀如来にすべてを任せる」という意味になる。阿弥陀如来の来歴や功徳《くどく》、浄土については浄土三部経（『無量寿経《むりょうじゅきょう》』『観無量寿経《かんむりょうじゅきょう》』『阿弥陀経《あみだきょう》』）に説かれている。

従来の仏教では、厳しい修行を行ない、悟りを得れば往生《おうじょう》することができると考えられていた。それに対して浄土教では、「人々が浄土へ行きたいと真剣に願い、私の名を十回となえても浄土へ行けないならば、私は仏にならない」と阿弥陀如来が誓願《せいがん》（誓い）を立てたとされることから、阿弥陀仏の名をとなえれば、誰でも極楽浄土へ往生できると説いたのである。

ちなみに、藤原頼通《ふじわらのよりみち》が父道長《みちなが》の寝殿《しんでん》を阿弥陀堂へ改修した平等院鳳凰堂《びょうどういんほうおうどう》は、極楽浄土の様子を模してつくったといわれている。ほかにも中尊寺《ちゅうそんじ》の金色堂《こんじきどう》や毛越寺《もうつうじ》の阿弥陀堂《あみだどう》など浄土思想にもとづく建物が各地に建立された。

●弥勒菩薩や観音菩薩の信仰も盛んに

末法の世において、阿弥陀如来とともに信仰を集めたのが、弥勒菩薩《みろくぼさつ》や観音《かんのん》菩薩、地蔵《じぞう》菩薩である。

浄土三部経

法蔵菩薩の48願が成就して無量寿仏（阿弥陀如来）となったことを説き、その仏国土である極楽の様子を描く。

無量寿仏、観音・勢至の2菩薩や極楽浄土を観想する方法、臨終には無量寿仏と諸菩薩が迎えに現れることを説く。

阿弥陀如来の極楽浄土の荘厳さを説く。ひじょうに短い経典であることから『四紙経』とも呼ばれる。

弥勒菩薩は釈迦の入滅後、五六億七〇〇〇万年後に仏となって現世に現れ、末法の世を終わらせてくれるとされる菩薩である。人々は末法の世で経典がなくなってしまうのを恐れ、経典を金属や石の箱に納めて地下に埋め、散逸《さんいつ》を防いだ。これを経塚《きょうづか》といい、平安時代後半から鎌倉時代にかけてのものが各地に点在している。

観音菩薩は現世利益《げんせりやく》（生きているうちに御利益を授かること）があると信じられている菩薩で、清水寺《きよみずでら》や石山寺《いしやまでら》など観音信仰の寺院を参拝するのが流行した。

地蔵菩薩は地獄で人々を救済をしてくれる菩薩。慈愛に満ちた柔和な表情をしており、身近な存在として多くの民衆から信仰を集めた。

【地獄と極楽】

源信の『往生要集』によって広がった来世の概念

●西方極楽浄土は浄土の典型

われわれの住んでいる娑婆《しゃば》世界は穢土《えど》、すなわち穢《けが》れた世界である。一方、仏の住む世界は浄らかで苦しみのない世界、すなわち浄土である。浄土はキリスト教やイスラム教の天国に類似した概念で、いわゆるユートピアである。

浄土はいくつもあるが、インドで仏教が誕生して以来、もっとも篤《あつ》く信仰されてきたのが阿弥陀如来の西方極楽浄土《さいほうごくらくじょうど》だった。

阿弥陀如来とは大乗《だいじょう》仏教が興起してまもなく登場した如来で、紀元二世紀頃につくられたと考えられている浄土三部経には、阿弥陀如来の来歴や功徳、さらには住まいの西方極楽浄土について詳しく説かれている。

西方極楽浄土は娑婆世界から西方へ十万億仏国土《ぶっこくど》をすぎたところにある。極楽といえば喜びや快楽を得られる場所というイメージをもたれがちだが、そうではない。そこでは精

極楽浄土で得られる十楽

1	**聖衆来迎の楽**	臨終の際、阿弥陀如来などが迎えに現れる。
2	**蓮華初開の楽**	清らかな蓮の花のなかから極楽浄土に生まれる。
3	**身相神通の楽**	身体が金色に輝き、神々しい姿になる。
4	**五妙境界の楽**	五感で感じるものすべてが心地よい。
5	**快楽無退の楽**	快楽が尽きることなく続く。
6	**引接結縁の楽**	家族や友人を極楽浄土に招くことができる。
7	**聖衆倶会の楽**	諸菩薩や高僧といった聖衆と一緒に過ごせる。
8	**見仏聞法の楽**	阿弥陀如来の教えを直接聞くことができる。
9	**随心供仏の楽**	諸仏を心のままに供養できる。
10	**増進仏道の楽**	仏の慈悲により菩提心が増す。

源信は『往生要集』で極楽における十楽を挙げたが、極楽浄土の功徳は無限であり、十楽はごく一部にすぎないという。

神的にすべて満たされるため、喜びや快楽を欲して心が乱されることがなくなるのである。

一方、東方には薬師《やくし》如来がつくった東方《とうほう》浄瑠璃《じょうるり》世界《せかい》があり、ほかに釈迦如来の霊山《れいざん》浄土《じょうど》、大日如来の密厳浄土《みつごんじょうど》などもある。

日本で極楽や地獄の概念を広く普及させたのが、天台宗の僧源信《げんしん》が著した『往生要集《おうじょうようしゅう》』である。平安時代中頃の九八五（永観《えいかん》三）年に完成した『往生要集』は、「厭離穢土《おんりえど》」「欣求浄土《ごんぐじょうど》」「極楽証拠《ごくらくしょうこ》」「正修念仏《しょうしゅねんぶつ》」「助念方法《じょねんほうほう》」「別時念仏《べつじねんぶつ》」「念仏利益《ねんぶつりやく》」「念仏証拠《ねんぶつしょうこ》」「往生諸業《おうじょうしょぎょう》」「問答料簡《もんどうりょうけん》」の十章からなる。極楽浄土の情景についても詳細に述べられており、極楽浄土で味わえる十種の喜びを「十楽《じゅうらく》」としてまとめている。

●娑婆世界の地下に地獄がある

地獄はわれわれの住む娑婆世界の地下深くにある。八層に分かれており、下層へ行くにつれて責め苦がエスカレートしていく。

八層の地獄を上から順に紹介すると、等活《とうかつ》地獄、黒縄《こくじょう》地獄、衆合《しゅごう》地獄、叫喚《きょうかん》地獄、大《だい》叫喚《きょうかん》地獄、焦熱《しょうねつ》地獄、大焦熱《だいしょうねつ》地獄、阿鼻《あび》地獄があり、鬼が罪人を容赦《ようしゃ》なく苦しめる。

等活地獄では罪人同士が殺し合ったり、鬼に鉄棒で打たれたりする。黒縄地獄では鬼たちにノコギリや斧《おの》などで体を切り刻まれる。衆合地獄ではカミソリの刃でからだを切り刻まれる。叫喚地獄では口を無理やり開けさせられ、煮えたぎったドロドロの銅が流される。大叫喚地獄では焼けた鉄の針で唇と舌を刺し貫かれた後、舌をはさみで引き抜かれる。焦熱地獄ではからだを鉄串で刺し貫かれ、火あぶりにされる。大焦熱地獄では火の海に突き落とされる。阿鼻地獄では鬼や鉄の蛇、虫などから絶え間なく苦痛を与えられる。

罪人は苦しさのあまり絶命することもあるが、すぐに蘇生《そせい》するため、延々と同じ刑が繰り返される。刑期は刑の苦しさと同じく下層に行くにつれて長くなり、五〇〇〜何千億年におよぶ。しかも、地獄の一日はこの世の五〇年に相当するから、とてつもなく長い期間になる。地獄はあまりにも苦しい場所なのだ。

八大地獄

等活《とうかつ》地獄
殺生をした者が堕ちる。

黒縄《こくじょう》地獄
殺生、盗みをした者が堕ちる。

衆合《しゅごう》地獄
殺生、盗み、邪淫をした者が堕ちる。

罪の深い者ほど下層の地獄へ堕ちる。最下層の無間地獄に到達するには、地上から落下し続けて2000年かかるという。

叫喚《きょうかん》地獄
殺生、盗み、邪淫、飲酒をした者が堕ちる。

大叫喚《だいきょうかん》地獄
殺生、盗み、邪淫、飲酒、妄語（うそをつく）をした者が堕ちる。

焦熱《しょうねつ》地獄
殺生、盗み、邪淫、飲酒、妄語、邪見（仏教の教えに反する言動）をした者が堕ちる。

大焦熱《だいしょうねつ》地獄
殺生、盗み、邪淫、飲酒、妄語、邪見、尼僧や童女などへの強姦をした者が堕ちる。

無間《むげん》地獄
殺生、盗み、邪淫、飲酒、妄語、邪見、尼僧や童女などへの強姦、親や僧侶の殺害をした者が堕ちる。

【浄土系宗派】

「南無阿弥陀仏」をとなえることで往生できる

●念仏の教えを広めた法然

日本で末法思想が流行すると、平安時代末期から鎌倉時代にかけてさまざまな仏教宗派が生まれた。いわゆる鎌倉新仏教である。

その鎌倉新仏教のうち、末法の世にふさわしい修行法として「南無阿弥陀仏」の念仏《ねんぶつ》の教えを広めたのが、法然《ほうねん》を開祖とする浄土宗《じょうどしゅう》である。

一一三三（長承《ちょうしょう》二）年、美作《みまさか》国（岡山県）の武家に生まれた法然は、十三歳で比叡山《ひえいざん》に登り、十八歳で黒谷別所《くろたにべっしょ》の叡空《えいくう》に師事して念仏の教えに出会う。この念仏についての解釈をめぐり、叡空とは袂《たもと》を分かつことになったが、一一七五（承安《じょうあん》五）年、四十三歳ときに「南無阿弥陀仏」の念仏をとなえれば誰でも極楽浄土に往生できるという教えを感得した。そして比叡山を下り、浄土宗を開宗したのである。

一一八六（文治《ぶんじ》二）年には、天台宗の高僧顕真《けんしん》らと京都・大原《おおはら》の勝林院《しょういんりん》で激しい問答《もんどう》

法然 関連年表

1133年	美作国久米に生まれる。
1147年	比叡山延暦寺で天台座主行玄より受戒。
1150年	叡空に師事して念仏の教えに出会う。
1175年	浄土宗を開宗する。
1186年	天台僧の顕真らと大原勝林院で問答する（大原問答）。
1190年	重源の依頼により東大寺で浄土三部経を講ずる。
1198年	九条兼実の懇請を受け『選択本願念仏集』を著す。
1204年	『七箇条制誡』を作成し天台座主へ送る。
1207年	専修念仏停止が決まり、讃岐国へ10カ月間配流される。
1212年	京都東山大谷で死去（享年80）。

を繰り広げる。

この大原問答において、法然は「どんなに素晴らしい教えでも、それを深く理解し実践できる者は少ない。念仏をとなえて阿弥陀仏（阿弥陀如来）の慈悲《じひ》にすがるしかない」と主張し、多くの聴衆の共感を得た。これを機に、法然への注目度が一気に高まる。

ところが、名声を高めた法然は比叡山をはじめとする旧仏教勢力の反発を買い、朝廷からは念仏禁止令を出されるなどの弾圧にさらされてしまう。

そして一二〇七（承元《じょうげん》元）年には四国の讃岐《さぬき》国（現香川県）へ流罪《るざい》を言い渡された。このとき法然は七十五歳。四年後に帰京したものの、翌年にはこの世を去った。

●法然が念仏を選んだ経緯

ところで、法然はどのような経緯で念仏の教えが末法の世にふさわしいものだと確信したのだろうか。その詳しい経緯は『選択本願念仏集《せんぢゃくほんがんねんぶつしゅう》』に記されている。

それによると、まず法然は阿弥陀如来の本願による救済を専《もっぱ》ら願う浄土門《じょうどもん》と、厳しい修行に励んで悟りを得ようとする聖道門《しょうどうもん》を比較検討して浄土門を選んだ。阿弥陀如来は、すべての人々を極楽浄土に往生させると誓っている。であれば、厳しい修行が不可能な人々に対しても、悟りの門は開かれるべきだと考えたからである。

次に、浄土門の修行法について考えた。浄土門の修行を正しい行ないである正行《しょうぎょう》とそれ以外の雑行《ぞうぎょう》とに分け、正行を選んだ。

最後に、正行の選択をする。正行には浄土三部経を読む読誦《どくじゅ》、阿弥陀如来や極楽浄土を思い浮かべる観察《かんざつ》(一種のイメージトレーニング)、阿弥陀如来を拝む礼拝《らいはい》、阿弥陀如来を讃《たた》えて供養する讃歎供養《さんたんくよう》、阿弥陀如来の名をとなえる称名《しょうみょう》の五つがあるが、誰でも実践できるかどうかという基準で考えると、もっともふさわしい正定業《しょうじょうぎょう》は称名だと判断した。

こうして法然は「南無阿弥陀仏」とひたすらとなえる専修《せんじゅ》念仏を選択し、浄土宗におけるもっとも重要な教えとしたのである。

法然の選択

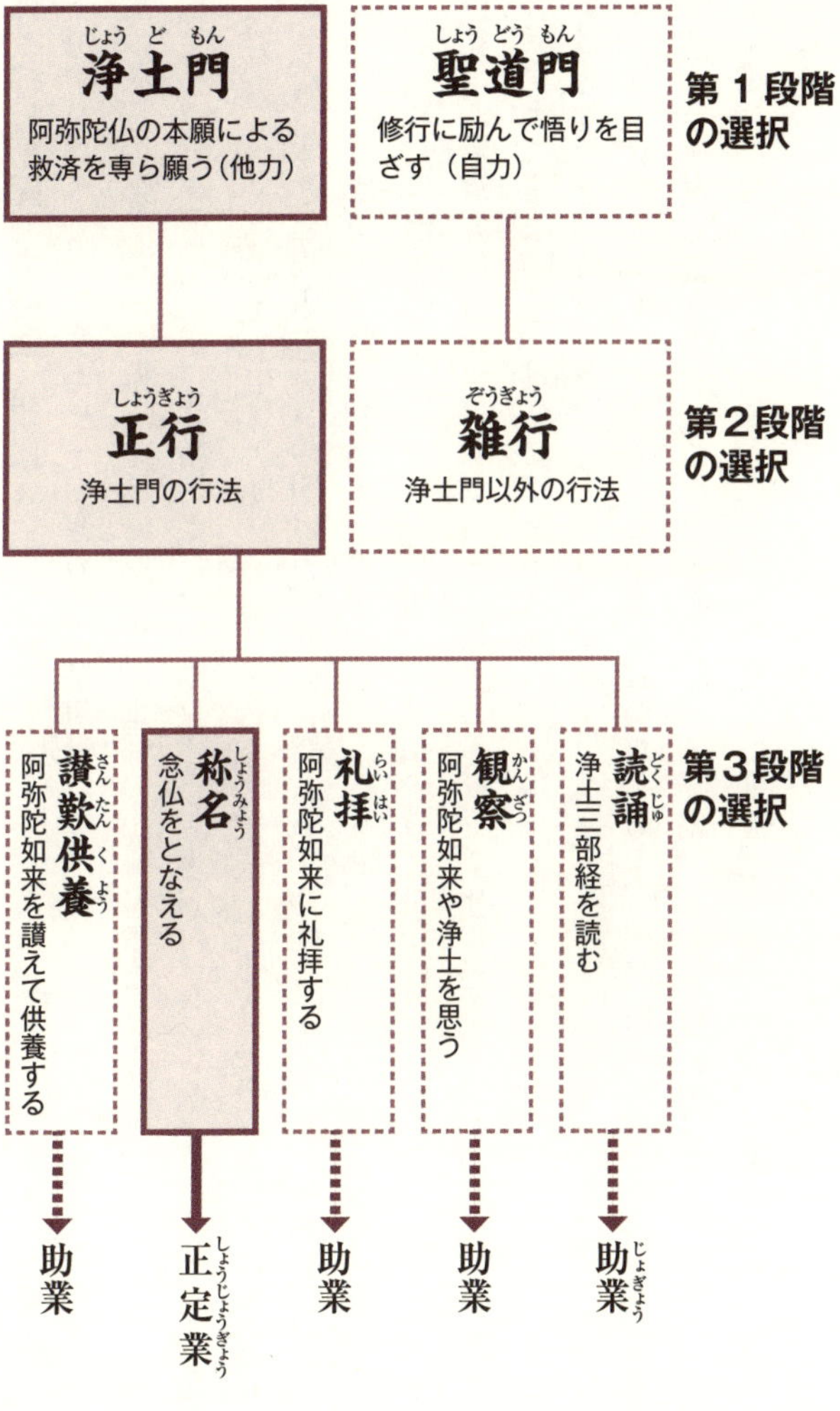
浄土門《じょうどもん》
阿弥陀仏の本願による救済を専ら願う（他力）
聖道門《しょうどうもん》
修行に励んで悟りを目ざす（自力）
第１段階の選択
正行《しょうぎょう》
浄土門の行法
雑行《ぞうぎょう》
浄土門以外の行法
第２段階の選択
讃歎供養《さんたんくよう》
阿弥陀如来を讃えて供養する
称名《しょうみょう》
念仏をとなえる
礼拝《らいはい》
阿弥陀如来に礼拝する
観察《かんざつ》
阿弥陀如来や浄土を思う
読誦《どくじゅ》
浄土三部経を読む
第３段階の選択
助業
正定業《しょうじょうぎょう》
助業
助業
助業《じょぎょう》

●愚禿と称した異端の僧侶・親鸞

法然が開いた浄土宗の教えを一歩進めたのが親鸞《しんらん》だった。

親鸞は法然の弟子。一一七三（承安三）年、京都の山科《やましな》に生まれた親鸞は、幼くして両親を亡くし、九歳で出家《しゅっけ》、比叡山で約二〇年も修行を重ねた。しかし、悟りを得ることができず、二十九歳で比叡山を下り、聖徳太子《しょうとくたいし》の創建と伝わる六角堂《ろっかくどう》に一〇〇日間籠《こも》ることにした。すると九十五日目の明け方、観音菩薩（太子の化身とされる）が現れ、法然のもとへ行くように告げたのである。

こうして親鸞は法然の弟子になり、法然から念仏の教えを受けた。しかし、法然と弟子たちは朝廷から流罪に処され、親鸞も一二〇七（承元元）年に還俗《げんぞく》のうえ越後《えちご》国（現新潟県）へ流されてしまう。三十五歳のときである。

親鸞は恵信尼《えしんに》という女性と、二人の間にできた子どもたちとともに越後へに向かった。そして当時、僧侶は妻帯禁止とされていたにもかかわらず、配流《はいる》の地で彼女と正式に結婚した。妻子を連れて服役するというのは奇異に思えるが、この時代の流罪は都（都市部）から遠く離れた地で、その土地の人々と同化して刑期を過ごさせるのが目的だった。都の人間にとって、辺境の地で生活することは精神的ダメージとなったのである。

親鸞 関連年表

1173年	京都の山科で生まれる。
1181年	出家して比叡山延暦寺で約20年にわたり修行する。
1201年	六角堂で百日参籠を行ない、聖徳太子の夢告を得て、法然のもとに入門する。
1207年	越後国へ約5年間配流される。この頃に妻帯し、6子をもうけたという。
1214年	常陸国へ移り、稲田の草庵（のちの西念寺）を拠点として約20年にわたり布教活動を行なう。
1235年	この頃に帰京。以後、執筆活動に重点を置く。
1247年	『教行信証』がこの頃に完成。
1262年	京都の善法院にて死去（享年90）。

また、親鸞は妻帯と同じく禁忌《きんき》とされていた肉食《にくじき》も行なっていた。親鸞が肉食妻帯などの戒律を犯したのは、次のような理由によると考えられる。

剃髪《ていはつ》して墨染《すみぞ》めの衣を着、戒律に従って生活している僧侶が「誰でも極楽に往生できる」と説いたとしても説得力がない。市井《しせい》には肉食妻帯をしている者や、漁師のように殺生《せっしょう》を生業《なりわい》としている者もおり、「そんな人間が救われるわけはない」といった批判の声もあがっていた。そこで親鸞はみずからを市井の人々と同じ境遇に置くことにしたのである。

さらに親鸞は、みずからを「愚禿《ぐとく》」と称した。衣だけ着ている愚かな偽《にせ》坊主という意味である。これは立派な衣を着ているのに戒律も守らず、ただ権威のみをひけらかす当時の多くの僧侶に対する痛烈な批判となった。

そして親鸞は「非僧非俗《ひそうひぞく》」というユニークな立場を打ち出す。つまり、自分は一度国家から授けられた僧籍を流刑によって剥奪《はくだつ》された身であるから正式な僧侶ではなく、阿弥陀如来の信仰に専念する在家の信者であるから俗人でもないという意味である。

四年の刑期を経て、親鸞は赦免《しゃめん》になった。それから信濃国《しなの》（現長野県）の善光寺《ぜんこうじ》で家族と二年半ほど過ごした後、常陸国《ひたち》（現茨城県）の稲田《いなだ》へ向かい、そこで布教活動を行なった。

その後、六十二歳で京都へ戻り、関東の信者のために長男の善鸞《ぜんらん》を遣わした。そして親鸞の教えを曲解した一部の信者たちが善鸞をまつり上げて教団を牛耳《ぎゅうじ》ろうとすると、親鸞はきっぱりと善鸞と縁を切った。信仰上の誤った行為に対しては、息子であろうと許さなかったのである。

●悪人のほうが善人より救われやすい

善人《ぜんにん》なおもて往生をとぐ、いわんや悪人をや（『歎異抄《たんにしょう》』）
親鸞が説いた教えのなかで特に有名なのが、「善人でさえ往生することができるのだから、悪人ならなおさら往生できる」という悪人正機説《あくにんしょうきせつ》である。一見、善人が馬鹿をみる

悪人正機説とは

善人なおもて往生をとぐ、いわんや悪人をや

善人は救われない？

みずから努力して修行を積み、極楽浄土に往生しようとする人は、他力（阿弥陀如来の力）に頼ろうとする心が欠けているため、阿弥陀如来の救済の対象とならず、往生できるかどうかはその人の自力に任される。

悪人はなぜ救われる？

修行をしていない人は自力では極楽浄土に往生できないと知っているため、ひたすら他力（阿弥陀如来の力）に頼ろうとする。阿弥陀如来も煩悩にまみれて迷いを断ち切れない人（悪人）を憐れみ、積極的に往生させようとする。

教えのようにも思えるが、そうではない。

ここでいう善人とは、善い行ないをする、罪を犯さないといった意味ではなく、厳しい修行をみずからに課して自力で悟りを開き、浄土に生まれ変わろうとする修行者をさす。一方、悪人とは、そうした修行をしていない人をさす。

みずから努力して修行を積んで往生しようとする人は、他力《たりき》（阿弥陀如来の力）に頼ろうとする心が欠けているため、阿弥陀如来の救済の対象とはならず、往生の可否はその人の自力《じりき》に任されるとする。その点、修行をしていない人は自力ではとても往生できないことを知っているため、はじめからひたすら阿弥陀如来の慈悲にすがろうとする。阿弥陀如来も煩悩《ぼんのう》にまみれて迷いを断ち切れない「悪人」を憐《あわ》れんで往生させようとする。それゆえ一般の人々のほうが極楽浄土へ往生しやすいと親鸞は説いているだ。

●全国を遊行した一遍

念仏を重んじる浄土系宗派のなかで、もっとも遅れて成立したのが時宗《じしゅう》である。時宗の開祖は一遍《いっぺん》。一遍は一二三九（延応《えんおう》元）年に伊予《いよ》国（現愛媛県）に生まれ、十歳で出家。十三歳で九州にいた法然の孫弟子聖達《しょうだつ》に師事した。鎌倉新仏教の開祖にしては珍しく、比叡山で学ぶことはなかった。

父の死去にともない、一度還俗して家督《かとく》を継いだが、一二七一（文永《ぶんえい》八）年にふたたび出家。家族と絶縁し、財産も投げ打って遊行《ゆぎょう》の旅に出た。遊行とは、釈迦も実践したインド以来の一種の修行方法。無一文になって居を定めずに各所をめぐるのである。

その後、四天王寺《してんのうじ》や高野山《こうやさん》に詣《もう》でて熊野《くまの》に立ち寄り、熊野本宮証誠殿《くまのほんぐうしょうじょうでん》に参籠《さんろう》していたときに悟りを得る。そして「南無阿弥陀仏　決定往生六十万人」と書かれた賦算《ふさん》と呼ばれる札《ふだ》を配りながら全国を遊行し続けた。

●浄土系宗派の教えの違い

念仏をとなえて阿弥陀如来の慈悲にすがり極楽浄土に往生するという基本的な考え方に関しては、浄土系宗派はみな同じである。では、浄土宗、浄土真宗、時宗はどこがどう違うのだろうか。

浄土宗では阿弥陀如来を信じ、ただひたすら「南無阿弥陀仏」の念仏をとなえることで極楽浄土に往生できると説く（専修念仏《せんじゅねんぶつ》）。これに対し、浄土真宗では阿弥陀如来にすべてを委《ゆだ》ねることで往生できると説く（他力本願《たりきほんがん》）。

法然は念仏をとなえればとなえるほど、その切実な思いが阿弥陀如来に強く届く、すなわち往生できる可能性が高くなるとしたが、親鸞は念仏の回数は問題ではなく、たとえ一回でも切実に願えば思いは届くとした。大事なのは、阿弥陀如来に帰依《きえ》する心であり、その思いが本物ならば、念仏をとなえなくても願いは届くと説くのが親鸞の立場だ。

一方、時宗は名号《みょうごう》至上主義をとる。ここでいう名号とは「南無阿弥陀仏」の言葉のこと。一遍は名号そのものに阿弥陀如来の慈悲が宿るとして、阿弥陀如来への信心があってもなくても、名号をとなえていれば、極楽浄土に生まれ変われると説いた。この点で一遍は親鸞の他力本願をさらに進展させたといえる。

【禅系宗派】

釈迦を見習い 坐禅による悟りを求める

●坐禅を組んで悟りに至る

平安時代末期、末法思想が世を覆《おお》うなか、浄土教にもとづく浄土系宗派が流行した。それと同時期に隆盛を極めたもうひとつの仏教の流れが禅《ぜん》である。

そもそも禅とは、サンスクリット語のディヤーナの音写語（サンスクリット語の発音を漢字の音に写したもの）で、仏教の屋台骨である戒定慧《かいじょうえ》の三学《さんがく》の定にあたる。したがって、禅はすべての仏教の根幹をなすものといえる。

釈迦が菩提樹《ぼだいじゅ》の下で坐禅《ざぜん》して悟りを得たように、姿勢を正し坐して心を集中する修行はインドで古くから行なわれており、釈迦の最有力の弟子で、彼の後継者である大迦葉（マハーカシャッパ）から数えて二十八代目のインド人僧、菩提達磨（ボーディダルマ）によって六世紀に中国へ伝えられたとされている。

達磨は禅の教えを「不立文字《ふりゅうもんじ》」「教外別伝《きょうげべつでん》」「直指人心《じきしにんしん》」「見性成仏《けんしょうじょうぶつ》」という四つの

栄西 関連年表

1141年	備中国で生まれる。
1154年	出家して比叡山延暦寺に入り、天台教学を学ぶ。
1168年	南宋に留学し天台教学を学ぶ。
1187年	再び南宋に渡り、天台山万年寺で禅を学ぶ。
1191年	帰国し、九州各地で布教を始める。
1194年	禅宗停止が宣下される。
1195年	博多に聖福寺を建立。
1198年	『興禅護国論』を著し、禅の正当性を主張。
1201年	寿福寺の開山として招かれる。
1202年	源頼家の援助を受け、京都に建仁寺を建立。
1215年	建仁寺で死去（享年75）。

言葉で表した。不立文字は悟りの境地は言葉や文字では表せないこと。教外列伝は悟りは教わるものではなく、直接体験することでのみ伝えられること。直指人心は心のなかに仏《ぶつ》心《しん》が備わっているから、それをまっすぐに指し示すべきということ。見性成仏は坐禅によって自分の心の本性を見極められれば、仏であることを体験できるということ。この四つの言葉を達磨の四聖句《ししょうく》という。

この禅の教えのみによって七世紀頃に中国で成立したのが禅宗である。

日本には鎌倉時代はじめに栄西《えいさい》が臨済宗《りんざいしゅう》を伝え、その弟子の道元《どうげん》が曹洞宗《そうとうしゅう》を伝えた。そして江戸時代に中国僧隠元《いんげん》が黄檗宗《おうばくしゅう》を伝えた。

●迫害に負けじと禅を布教した栄西

備中国《びっちゅう》（現岡山県）出身の栄西は一一五四（久寿元《きゅうじゅ》）年、比叡山に入って天台宗の教えを学んだ後、二度にわたり宋《そう》へ留学。二度目の留学の際に臨済宗黄龍派《おうりゅうは》の懐敞禅師《えじょうぜんじ》のもとで五年間学び、悟りの証明である印可《いんか》を得て、一一九一（建久二《けんきゅう》）年に帰国した。

当時、京都や奈良では比叡山の天台宗を中心に、高野山の真言宗、奈良の興福寺《こうふくじ》などの勢力が強く、新参の禅宗はさまざまな妨害を受けて入り込むことができなかった。そのため栄西は、九州各地で禅の教えを広めることにした。

また『興禅護国論《こうぜんごこくろん》』を著し、「禅は最澄《さいちょう》の教えにもあり、比叡山とは敵対しない。比叡山と同じく鎮護国家《ちんごこっか》を目指すものである」と訴えたが、比叡山をはじめとする旧仏教勢力は禅宗の進出に警戒感を強め、断固として反対した。

しかし一二〇一（建仁元《けんにん》）年、鎌倉幕府二代将軍源頼家《みなもとのよりいえ》とその母北条政子《ほうじょうまさこ》が初代将軍頼朝《よりとも》の一周忌に栄西を開山に招いて寿福寺《じゅふくじ》を創建。これを機に栄西は幕府の後ろ盾を得ることになった。幕府が禅に興味を示したのは、その教えと武士の気風が一致したからだといわれている。

一二〇二（建仁二）年、栄西は京都に建仁寺《けんにんじ》を創建。ここにきてようやく朝廷も禅宗を

公案とは何か

＊修行の課題として、師から出される問題。
＊決まった答えがあるわけではない。
＊修行者は出された公案に四六時中取り組み、考えがまとまったら師の部屋へ入り、答えを述べる。
＊師から合格と判断されれば新たな公案を与えられ、不十分と判断されればふたたび同じ公案に取り組む。

公案の例

＊両手を打ち合わせると音がする。では片手ではどんな音がするか？
＊ある僧が趙州和尚に「犬にも仏性があるでしょうか」と尋ねたところ、趙州は「無」と答えた。これはどういうことか？

認めた。やがて栄西は亡くなるが、その後も臨済宗は鎌倉幕府、室町幕府と結びつきを深めながら勢力を拡大していったのである。

●臨済宗の禅は公案に取り組む看話禅

日本に伝わった禅の宗派は臨済宗と曹洞宗、黄檗宗に大別される。そのうち栄西が伝えた臨済宗の禅は看話禅《かんなぜん》といい、悟りの境地を体験するために公案《こうあん》に取り組む大らかな禅である。

公案とは、修行者が悟りを開くための課題のこと。いわゆる禅問答だ。

弟子は師から与えられた公案を理論で解するのではなく、坐禅してからだ全体で体得しようとする。教えをきちんと体得できているかどうかは、師と対面して行なう問題で評価される。師がまだまだ不十分と判断すれば、弟子はふたたび公案に取り組むことになる。

●師の一喝で悟りに至る

臨済宗とともに、日本の禅宗の柱をなすのが曹洞宗。その開祖が道元である。

道元は一二〇〇（正治《しょうじ》二）年に京都の貴族の家系に生まれ、十三歳のときに比叡山に入り出家した。しかし、自分が目指す師に出会うことができず、十八歳で山を降りる。そして当時、新来の禅を伝えて評判になっていた栄西の門を叩いた。

ところが、栄西はすでに七十歳をすぎた高齢だったうえ、禅の追求のために多忙を極めていた。そこで道元は、栄西の弟子である明全《みょうぜん》に師事し、一二二三（貞応《じょうおう》二）に明全とともに宋へ渡ることにしたのである。

宋では天童山《てんどうざん》で如浄《にょじょう》と出会い、そのもとで日夜修行を重ねた。道元は熱心に坐禅に取り組んだが、なかなか悟りがひらけない。それは修行仲間も同じで、あまりの修行の厳しさに、坐禅中にもかかわらず居眠りしてしまう者もいた。

その修行者に対して如浄は「身心脱落《しんじんだつらく》の坐禅中に居眠りするとは何事か！」と喝《かつ》を入れ

道元 関連年表

1200年	京都の貴族の家系に生まれる。
1214年	出家し比叡山延暦寺に入る。
1217年	栄西の弟子である明全に師事。
1223年	明全とともに南宋に渡り、諸山を巡る。
1225年	天童山で如浄に師事し、悟りを得る。
1227年	帰国する。
1233年	京都深草に興聖寺を開く。この頃から『正法眼蔵』の執筆を始める。
1244年	越前国に大仏寺（のちの永平寺）を開く。
1247年	鎌倉へ行き、北条時頼らに説法する。
1253年	京都で死去（享年54）。

る。その瞬間だった。道元は、日常のすべての行ないがそのまま仏の行ないであるという悟りを得たのである。

道元は一二二七（安貞《あんてい》元）年に帰国する。一度建仁寺に入った後、一二三六（嘉禎《かてい》二）年に京都の深草《ふかくさ》（伏見《ふしみ》）に禅の専門道場である興聖寺《こうしょうじ》を開いた。そして、ただひたすら坐ること（只管打坐《しかんたざ》）の重要性を主張し、修行のすえに悟りがあるのではなく、修行のなかに悟りがあり、悟りのなかに修行があるという修証一等《しゅうしょういっとう》の境地を明らかにしたのである。

しかし、道元も栄西同様に比叡山からの圧力に悩まされた。そこで、越前《えちぜん》国（現福井県）に入り、一二四四（寛元《かんげん》二）年に大仏寺《だいぶつじ》を開山して曹洞宗の礎《いしずえ》を築いた。この大仏寺がのちの永平寺《えいへいじ》である。

三年後、鎌倉幕府の執権北条時頼《ほうじょうときより》の招請《しょうせい》を受け、八か月も鎌倉に滞在して教えを説いたが、ふたたび永平寺に戻って布教に努めた。

幕府や朝廷などの権威を後ろ盾に教線《きょうせん》を延ばした臨済宗とは対照的に、曹洞宗は地方で布教することにより勢力を拡大していったのである。

●曹洞宗は只管打坐を実践する黙照禅

臨済宗は公案を重視する看話禅だが、曹洞宗はひたすら坐る只管打坐の実践がすべてと説く黙照禅《もくしょうぜん》である。

道元は坐禅以外の修行、たとえば公案を行なったり、念仏をとなえたり、礼拝したり焼香をあげたりすることなどは一切不要とした。そして出家して厳しい修行生活を送ることが重要だと説いた。

また、修行して悟りを得るのではなく、修行することが成仏《じょうぶつ》（悟りそのもの）であるとした。これを修証一如という。さらに、只管打坐の目的は即身是仏《そくしんぜぶつ》であるとし、只管打坐することで、修行者の心と釈迦の説く宇宙は一体化するとした。

永平寺

道元が開山した曹洞宗の大本山。4500 坪以上の広大な敷地を誇り、杉林のなかにいくつもの堂宇が建ち並んでいる。

●江戸時代に伝わった新たな禅風

江戸時代初期、中国人僧隠元によってもたらされたのが黄檗宗である。

黄檗宗は中国では臨済宗の一派とみなされていたが、寺院の様式や僧侶の衣装などが明《みん》風で、日本の臨済宗とは明らかに異なるため独立した宗派として扱われるようになった。

黄檗宗の特徴的な教えとしては念禅一致《ねんぜんいっち》があげられる。

これは念仏によって禅の境地に至ろうとするもので、念仏禅ともいわれる。さらに密教の要素も加えられており、修行に真言や陀羅《だら》尼《に》が取り入れられている。臨済宗や曹洞宗にはみられない独特の禅が、江戸時代以来いまに伝わっているのである。

【日蓮宗】

『法華経』の教えを実践すれば現世でも救われる

●度重なる法難に見舞われる

「南無《なむ》妙法蓮華経《みょうほうれんげきょう》」――この題目《だいもく》と呼ばれる言葉をとなえれば救われると説く日蓮宗《にちれんしゅう》は、浄土系宗派や禅系宗派とほぼ同じ時期に成立した。開祖は日蓮。日本の仏教宗派のなかでは開祖の名前が宗派名になっている唯一の事例である。

日蓮は一二二二（貞応《じょうおう》元）年、安房《あわ》国（現千葉県）小湊《こみなと》の漁師の子として生まれた。十二歳のときに近くの清澄寺《せいちょうじ》に入り、二十一歳のときに比叡山に登って修行を積むとともに、京都や奈良などの諸大寺で学んだ。そのなかで『法華経《ほけきょう》』の教えこそが最上のものであると確信すると、一二五三（建長《けんちょう》五）年に清澄寺へ戻り、清澄山の山上で「南無妙法蓮華経」の題目をとなえた。日蓮三十二歳の春、四月二十八日のことで、日蓮宗ではこの日を自宗の立教開宗の日としている。

こうして日蓮宗を立ち上げた日蓮は、念仏や禅などを批判しながら、『法華経』の教え

日蓮 関連地図

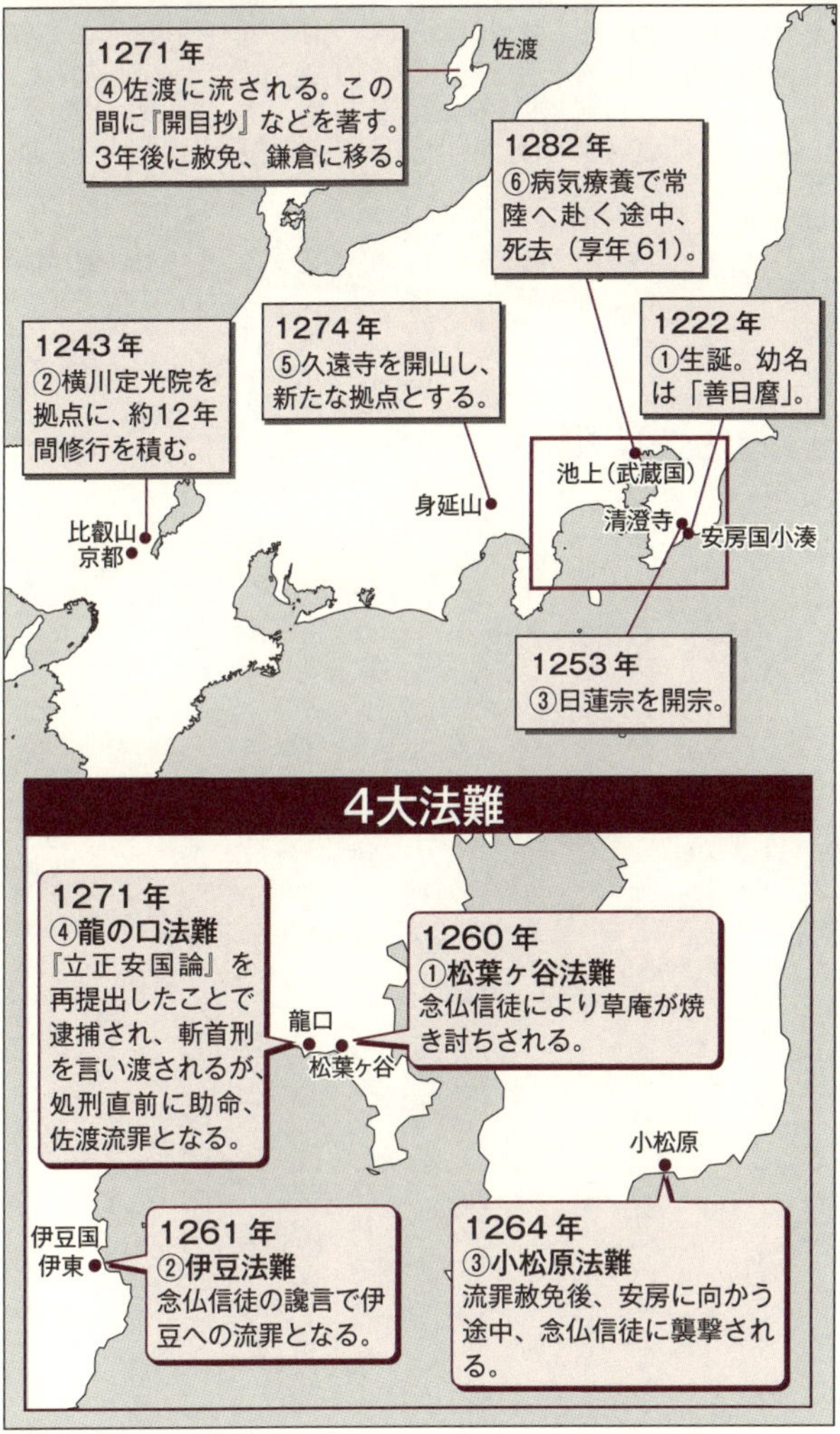

佐渡
1271年
④佐渡に流される。この間に『開目抄』などを著す。3年後に赦免、鎌倉に移る。
1282年
⑥病気療養で常陸へ赴く途中、死去（享年61）。
1243年
②横川定光院を拠点に、約12年間修行を積む。
1274年
⑤久遠寺を開山し、新たな拠点とする。
1222年
①生誕。幼名は「善日麿」。
池上（武蔵国）
身延山
清澄寺
安房国小湊
比叡山
京都
1253年
③日蓮宗を開宗。
4大法難
1271年
④龍の口法難
『立正安国論』を再提出したことで逮捕され、斬首刑を言い渡されるが、処刑直前に助命、佐渡流罪となる。
龍口
松葉ヶ谷
1260年
①松葉ヶ谷法難
念仏信徒により草庵が焼き討ちされる。
小松原
伊豆国
伊東
1261年
②伊豆法難
念仏信徒の讒言で伊豆への流罪となる。
1264年
③小松原法難
流罪赦免後、安房に向かう途中、念仏信徒に襲撃される。

がいかに素晴らしいかを説いてまわった。しかし、念仏や禅を信じる地元の人々の怒りをかい、故郷を追われてしまう。

その後の日蓮を待ち受けていたのは度重なる法難《ほうなん》だった。一二五七（正喜《しょうき》元）年、日蓮は清澄寺を出て鎌倉で布教を開始。三年後には『法華経』を軽んじれば内乱が起こり、天災や外敵に襲われると訴える『立正安国論《りっしょうあんこくろん》』を執権北条時頼《ときより》に提出した。ところが、幕府に拒絶され、さらに他宗派から激しい非難を浴びた。そして一二六〇（文応《ぶんおう》元）年には念仏信徒に草庵《そうあん》を焼打ちにされた。これが松葉《まつば》ヶ谷《がやつ》法難と呼ばれる最初の法難である。

危うく難を逃れた日蓮は、下総国《しもうさ》（現千葉県北部）でしばらく布教を行なった後、鎌倉での布教を再開した。しかし、幕府は念仏信徒たちの讒言《ざんげん》を受ける形で日蓮を逮捕し、伊豆への流罪を言い渡す。これが第二の法難、伊豆法難である。

伊豆流罪を二年ほどで解かれ、一二六四（文永《ぶんえい》元）年に一〇年ぶりに小湊に帰省しようとしたが、途中で数百人の念仏信徒による襲撃を受け、従者を殺傷され、日蓮みずからも眉間《みけん》に傷を負った。これが小松原《こまつばら》法難と呼ばれる第三の法難である。

一二七一（文永《ぶんえい》八）年、日蓮は再び幕府に『立正安国論』を提出するが、これが幕府を激怒させてしまい、即刻逮捕され、鎌倉の外れの龍の口《たつのくち》の刑場で処刑されることになった。

しかし、まさに斬首《ざんしゅ》されようとしているそのとき、強い光が閃《ひらめ》き、恐れをなした処刑人は斬ることができなくなる。結局、死罪ではなく佐渡《さど》への流罪とされ、ことなきを得た。これが第四の法難、龍の口法難である。

三年後、佐渡流罪を赦《ゆる》された日蓮が鎌倉に戻ってくると、その年に到来した元《げん》からの国書について幕府から意見を求められた。そこで日蓮は「今年中に元が再襲来するだろう」と忠告したが、幕府が聞き入れなかったため失望、身延山《みのぶさん》に下ったのである。

このように、日蓮は何度も法難を経験するうちに『法華経』の体現者として自覚を高め、『法華経』をますます重視するに至ったのである。

●五義と三大秘法が教えの根本

では、なぜ日蓮は『法華経』をそれほどまでに重視したのだろうか。その背景には、五《ご》義《ぎ》と三大秘法《さんだいひほう》という考え方があった。

まず五義とは、教《きょう》・機《き》・時《じ》・国《こく》・序《じょ》という五つの基準のことである。

「教」はあらゆる経典のなかで『法華経』こそがもっとも優れていることを知ること。「機」は機根《きこん》のことで、教えを受け、それを信心する人々の能力をさす。末法思想がはびこった時代には、この能力が低下したため、他宗を信じる者が増えてしまったと日蓮は嘆いた。「時」は布教する時期のこと。日蓮は末法の時代だからこそ正しい教えが必要であり、いまこそ日蓮宗を布教すべきだと考えた。「国」は教えを広める場所のこと。日蓮は鎌倉だけでなく日本全国へ、はては世界中に日蓮宗を広めたいと考えた。「序」は順序のこと。布教には順序があり、日蓮はこれまでの仏教の教えを鑑《かんが》みて、いまこそ『法華経』の教えを広めるべきだと考えた。

次に三大秘法とは、五義を実践するための修行の方法のことで、本門《ほんもん》の本尊《ほんぞん》・本門の題《だい》目《もく》・本門の戒壇《かいだん》を意味する。本門とは、『法華経』二十八品《ほん》（章）の後半部分の十四品をさす。前半部分の十四品（迹門《しゃくもん》）では、釈迦は人々を救済するために仮の姿で現れ、わかりやすく救済の方法を示すが、これはあくまで仮の教えで、真実の教えは後半部分の本門にあると日蓮は考えた。

本門の本尊は永遠に存在する釈迦のこと。具体的には久遠本仏《くおんのほんぶつ》の救いを表した大曼荼《だいまんだ》羅《ら》に帰依することを意味する。「本門の題目」は「南無妙法蓮華経」の題目をとなえること。「本門の戒壇」は『法華経』の教えが正しく実践される場所のこと。

つまり人々が久遠本仏を信じ、「南無妙法蓮華経」の題目をとなえて『法華経』の教え

日蓮の「五義」

教	『法華経』の教えが、すべての経典のなかでもっともすぐれていると知ること。
機	末法の世の人々の能力が、『法華経』の教えを受け入れる状態にあること。
時	末法の時代こそ、『法華経』の教えを広めるべき時期であること。
国	日本の国こそ、『法華経』の教えを広めるべき場所であること。
序	『法華経』はいまこそ説かれるべき教えであること。

日蓮は、『法華経』が末法の世に説かれるべき教えである根拠を、教・機・時・国・序の「五義」（五綱の教判）によって示した。

を実践すれば、現世でも救われるのである。

●四箇格言で他宗を批判

もうひとつ、日蓮宗の特徴として他宗に対して批判的なことがあげられる。

日蓮自身、「南無阿弥陀仏」の念仏を重視する浄土宗をはじめとする他宗を厳しく批判した。その際に使われたのが四箇格言《しかかくげん》という言葉である。四箇格言とは「念仏無間《ねんぶつむけん》・禅天《ぜんてん》魔《ま》・真言亡国《しんごんぼうこく》・律国賊《りっこくぞく》」という四句のこと。つまり、念仏をとなえると無間地獄に堕ちる、禅は魔の誘惑、真言密教は国を亡ぼす、戒律は国を乱すという意味である。

こうした日蓮の攻撃的な姿勢が他宗からの排斥《はいせき》の原因となったともいえるだろう。

【熊野信仰】

神仏習合により浄土と見なされた熊野詣

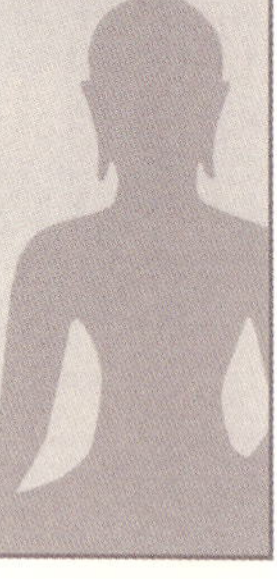

●「蟻の熊野詣」といわれるほど大流行

熊野《くまの》本宮大社《ほんぐうたいしゃ》、熊野速玉《はやたま》大社、熊野那智《なち》大社を総称して熊野三山《さんざん》と呼ぶ。本来、これらの神社は独立していたが、平安時代にひとくくりにされ、熊野三所権現《さんしょごんげん》として信仰対象となった。

そして平安時代中期以降、皇族や貴族の間で熊野詣《もうで》が流行すると、鎌倉時代には武士や庶民の間も広まった。特に寺社巡りが隆盛を極めた江戸時代には、「蟻《あり》の熊野詣」といわれるほど大勢の人々が熊野を訪れるようになったのである。

●過去・現在・未来で救われる

この熊野信仰の背景には、神仏習合《しんぶつしゅうごう》と浄土信仰があった。

神仏習合とは、日本の神は仏が仮に姿を現したものとする考え方で、熊野本宮大社の家《け》津《つ》御《み》子大神《このおおかみ》は阿弥陀如来、熊野速玉大神《はやたまのおおかみ》は薬師如来、熊野那智大社の夫《ふ》須《す》美《みの》大神《おおかみ》は千手《せんじゅ》観音菩薩の仮の姿（化身《けしん》）だとされた。そこから、熊野本宮大社は阿弥陀如来の浄土、熊野速玉大社は薬師如来の浄土、熊野那智大社は観音菩薩の浄土とされた。

そして熊野本宮大社は来世の救済、熊野新宮大社は過去に犯した罪の救済、熊野那智大社は現世での利益をつかさどるとされ、熊野の地を訪れると、過去・現在・未来のすべてにおいて救われると信じられたのである。

二〇〇四（平成十六）年には熊野三山を含む「紀伊山地の霊場と参詣道」がユネスコの世界遺産に登録され、ますます多くの人々が訪れるようになっている。

熊野詣の経路

熊野詣は院政期に盛んになり、約100年間で97回、法皇・上皇による参詣が行なわれたという（うち後白河法皇は34回、後鳥羽上皇は28回）。

【富士信仰】

江戸時代にブームとなった富士講と富士塚

●富士山は信仰の山

日本の象徴ともいえる富士山《ふじさん》。この山は古来、神そのものとみなされてきた。富士山が噴火すれば甚大な被害が生じるため、人々は鎮火を願って神を崇《あが》め、祠堂《しどう》を建てた。それが発展したのが浅間大社《せんげんたいしゃ》だと考えられている。

奈良時代には仏教の影響を受けた修行者が富士山で修行をした。平安時代になると密教の僧侶が富士山に入りはじめる。

たとえば末代上人《まつだいしょうにん》は十二世紀半ばに何度も富士登山を行ない、山頂に大日如来を祀る大日寺《だいにちじ》を建てている。

そして室町時代には登山道が開かれたこともあり、富士山に自ら登って参拝する登拝が盛んになる。これをもとに江戸時代に成立したのが富士山の信仰集団である富士講《こう》だ。

富士講の開祖といわれる江戸時代前期の長谷川角行《はせがわかくぎょう》は、富士山麓の風穴《ふうけつ》で苦行を修め、

人穴富士講遺跡

富士講の開祖とされる長谷川角行がこのあたりの洞穴で修行し、入滅したという。その後、富士講信者の聖地となった。

仙元大日《せんげんだいにち》の秘儀を感得。角行以前の富士信仰を整理した。

また、食行《じきぎょう》身禄《みろく》も庶民の救済を願って富士山で修行を重ねた。食行は大願成就のためにつま先立ちで百回も富士山に登り、最後は七合目の岩窟に三五日間籠って、生きながらにして仏になったと伝わる。

こうした活動を受けて富士信仰が広まると、江戸を中心に富士講が大流行。「江戸八百八《はっぴゃくや》講《こう》」といわれるほどのブームとなった。

さらに富士講の拠点となった寺社には、富士山を模したミニ富士というべき富士塚がつくられ、富士山まで行かなくとも、富士塚を拝めば登拝と同じ利益にあずかることができると信じられたのである。

【主な参考文献】 左記の文献等を参考にさせていただきました。

『インド仏教人物列伝』服部育郎（大法輪閣）／『事典 日本の仏教』蓑輪顕量編（吉川弘文館）／『東アジア仏教史』石井公成（岩波書店）／『ブッダの人と思想』中村元（日本放送出版協会）／『ブッダの生涯』小林正典（新潮社）／『ご近所富士山の「謎」富士塚御利益散策ガイド』有坂蓉子（講談社）／『高僧伝1 釈迦』松原泰道編（集英社）／『日本の仏教を知る事典』奈良康明編著（東京書籍）／『仏教史研究ハンドブック』佛教史学会編、『修験道小事典』宮家準（法藏館）／『インド中国日本仏教通史』平川彰、『わかる仏教史』宮元啓一、『仏教要語の基礎知識』水野弘元、『浄土三部経と地獄・極楽の事典』大角修（春秋社）／『図説 日本仏教の歴史 飛鳥・奈良時代』田村円澄編、『図説 日本仏教の歴史 平安時代』速水侑編（佼成出版社）／『ブッダ 知れば知るほど』奈良康明（実業之日本社）／『仏教の源流 その知と信』山崎勇夫（里文出版）／『富士山文化 その信仰遺跡を歩く』竹谷靭負（祥伝社）／『釈尊その生涯』金岡秀友（大学教育社）／『日本仏教史辞典』大野達之助編、『浄土教の事典』峰島旭雄監修（東京堂出版）／『すぐわかる日本の仏教』大角修（東京美術）／『ブッダの生涯』ジャン・ボワスリエ（創元社）／『仏教の事典』末木文美士 下田正弘 堀内伸二編（朝倉書店）／『名僧の事典』『日本の仏教の事典』（学研）

青春新書
INTELLIGENCE

こころ涌き立つ「知」の冒険

いまを生きる

"青春新書"は昭和三一年に——若い日に常にあなたの心の友として、その糧となり実になる多様な知恵が、生きる指標として勇気と力になり、すぐに役立つ——をモットーに創刊された。

そして昭和三八年、新しい時代の気運の中で、新書"プレイブックス"にその役目のバトンを渡した。「人生を自由自在に活動《プレイ》する」のキャッチコピーのもと——すべてのうっ積を吹きとばし、自由闊達な活動力を培養し、勇気と自信を生み出す最も楽しいシリーズ——となった。

いまや、私たちはバブル経済崩壊後の混沌とした価値観のただ中にいる。その価値観は常に未曾有の変貌を見せ、社会は少子高齢化し、地球規模の環境問題等は解決の兆しを見せない。私たちはあらゆる不安と懐疑に対峙している。

本シリーズ"青春新書インテリジェンス"はまさに、この時代の欲求によってプレイブックスから分化・刊行された。それは即ち、「心の中に自らの青春の輝きを失わない旺盛な知力、活力への欲求」に他ならない。応えるべきキャッチコピーは「こころ涌き立つ"知"の冒険」である。

予測のつかない時代にあって、一人ひとりの足元を照らし出すシリーズでありたいと願う。青春出版社は本年創業五〇周年を迎えた。これはひとえに長年に亘る多くの読者の熱いご支持の賜物である。社員一同深く感謝し、より一層世の中に希望と勇気の明るい光を放つ書籍を出版すべく、鋭意志すものである。

平成一七年

刊行者　小澤源太郎

監修者紹介

瓜生 中（うりゅう なか）

1954年東京都生まれ。文筆家。早稲田大学大学院修了。専攻は東洋哲学。仏教・神道・日本思想・インド思想の研究や執筆活動を行なうほか、社会人向けの講座を開くなどしている。著書に『仏教入門』（大法輪閣）、『古寺社巡りの愉しみ』（KKベストセラーズ）、『知っておきたいお寺の言い伝え』（椎出版社）、『よくわかる祝詞読本』『知っておきたい日本の神話』（KADOKAWA）、『古建築の見方・楽しみ方』（PHP研究所）などがある。

図説《ずせつ》　地図《ちず》とあらすじでわかる！
釈迦《しゃか》の生涯《しょうがい》と日本《にほん》の仏教《ぶっきょう》

青春新書 INTELLIGENCE

2019年11月1日　第1刷

監修者　瓜生《うりゅう》　中《なか》

発行者　小澤源太郎

責任編集　株式会社プライム涌光

電話　編集部　03(3203)2850

発行所　東京都新宿区若松町12番1号 〒162-0056　株式会社青春出版社

電話　営業部　03(3207)1916　振替番号　00190-7-98602

印刷・大日本印刷　製本・ナショナル製本

ISBN978-4-413-04582-7

こころ涌き立つ「知」の冒険!

青春新書
INTELLIGENCE

大好評! 青春新書の(2色刷り)仏教シリーズ

図説

一度は訪ねておきたい!

日本の七宗と総本山・大本山

永田美穂[監修]

日本仏教の原点に触れる
心洗われる旅

ISBN978-4-413-04530-8 1307円

図説

あらすじでわかる!

日本の仏

速水侑[監修]

如来・菩薩・明王…
なるほど、これなら違いがわかる!

ISBN978-4-413-04244-4 1058円

お願い ページわりの関係からここでは一部の既刊本しか掲載してありません。折り込みの出版案内もご参考にご覧ください。

※上記は本体価格です。(消費税が別途加算されます)
※書名コード(ISBN)は、書店へのご注文にご利用ください。書店にない場合、電話または Fax(書名・冊数・氏名・住所・電話番号を明記)でもご注文いただけます(代金引換宅急便)。商品到着時に定価+手数料をお支払いください。
〔直販係 電話03-3203-5121 Fax03-3207-0982〕
※青春出版社のホームページでも、オンラインで書籍をお買い求めいただけます。ぜひご利用ください。〔http://www.seishun.co.jp/〕